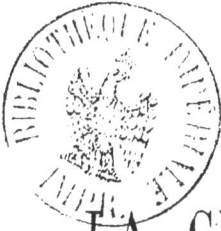

LA CIVILISATION

ET

LA DÉMOCRATIE FRANÇAISE

IMPRIMERIE J. CLAYE

RUE SAINT BENOIT 7

LABOR

PARIS

CHARLES DUVEYRIER

LA
CIVILISATION

ET LA

DÉMOCRATIE FRANÇAISE

DEUX CONFÉRENCES

SUIVIES

D'UN PROJET DE FONDATION

D'INSTITUT DE PROGRÈS SOCIAL

DEUXIÈME ÉDITION

PARIS

AUX BUREAUX DE L'ENCYCLOPÉDIE

RUE DE L'UNIVERSITÉ, 25

1865

PRÉFACE

———

Les difficultés de toute nature qui ont tra-
versé dans ces derniers temps les dispositions
libérales du Ministre de l'Instruction publique, n'ont pas été étrangères aux considérations qui m'ont fait accepter la proposition
d'ouvrir des conférences au grand amphithéâtre de l'École de médecine.

Depuis longtemps les études et les travaux
préparatoires d'une encyclopédie dont les pre-

miers volumes aujourd'hui sont sous presse,
m'avaient convaincu que les conditions douloureuses dans lesquelles s'accomplissent
les conquêtes de l'industrie moderne et se
produisent tous les biens, toutes les douceurs de la vie civilisée, pouvaient offrir un
argument nouveau et des plus essentiels en
faveur d'une large extension de l'enseignement populaire.

On ne sait pas combien d'existences humaines sont abrégées, combien sont détruites
violemment par suite de l'état d'ignorance
et d'inexpérience auquel le grand nombre
est condamné à son entrée dans la vie active.
et quel développement il faudrait donner
aux écoles, quels perfectionnements il faudrait introduire dans les programmes d'étude
et les méthodes d'enseignement, pour con-

jurer ce fléau. Le constructeur, l'expérimen-
tateur, l'ouvrier, ne peuvent employer, en
effet, pour se garantir contre les dangers de
la profession qu'ils exercent que les facultés
qu'ils possèdent, et ces facultés n'ont d'autre
étendue que celle que l'instruction générale
et professionnelle leur a donnée.

Cette réflexion m'avait fortement impres-
sionné au milieu de mes études, elle me faisait sentir plus vivement combien il importe
de se faire une idée juste des lois qui pré-
sident à l'enfantement de la civilisation, et
tout le profit qu'il y aurait à les coordon-
ner, à les résumer sous une forme populaire, afin d'en pouvoir universaliser l'enseignement.

Tout ce qui touche à la distribution des
bonnes et des mauvaises chances de la vie

a le privilége d'agir directement sur la conscience humaine, d'inspirer les artistes, d'émouvoir les femmes. Et si chacun était instruit de la masse de sacrifices qui s'accomplissent à toute heure, loin de sa vue, en dehors du cercle de ses intérêts et de ses affections, l'état général de l'opinion s'en ressentirait très-certainement, et nous éprouverions dans toutes les situations, dans toutes les carrières, une plus grande facilité à l'accomplissement de nos devoirs, tant publics que privés.

Sous l'empire du sentiment profond que j'éprouvais à cet égard, j'ai cru devoir soumettre à l'épreuve d'un exposé public les premiers résultats de mes réflexions et de mes recherches.

C'est le sujet des deux conférences que je

réunis ici ; la civilisation y est surtout envi-
sagée sous son aspect moral.

Les idées qui y sont développées peuvent
se résumer ainsi :

La production des bienfaits de la vie civilisée n'est obtenue qu'au prix de souffrances,
d'avortements intellectuels, de privations et
de catastrophes auxquels le grand nombre est
plus ou moins exposé. Le chiffre des victimes
chaque année est considérable. Le sacrifice se
renouvelle sans jamais s'arrêter. Il n'y a pas
d'autre moyen d'en diminuer l'importance
que d'accélérer la marche de la civilisation.
Elle seule peut guérir les blessures qu'elle
fait à la société, au genre humain. Et sous ce
rapport, de tous les progrès de la civilisation, le plus efficace, dans l'état présent du
monde, c'est la diffusion de l'enseignement.

Tous ces faits sont scientifiquement établis.
La statistique, tout imparfaite qu'elle est.
le constate chaque année. L'évidence est
donc faite à ce sujet. Et néanmoins l'opinion publique se tient à l'égard de ces
faits dans un état d'indifférence, d'insouciance complète. On ne voit que la face
brillante de la civilisation; on détourne les
yeux de son revers lamentable.

Il faut donc réformer les dispositions du
public à ce sujet; il faut éclairer l'opinion. Il
faut apprendre à tous que l'ignorance, l'inexpérience des travailleurs, multiplient dans
tous les corps d'état les chances funestes, et
que le défaut de développement de leurs
facultés contribue même à rendre plus fré-
quents les sinistres à l'abri desquels personne
ne peut se croire, depuis les chemins de fer

et la navigation à vapeur. Il faut que nul
n'ignore la quantité d'êtres humains qui
seraient conservés à la vie ou dont l'existence
au moins serait prolongée, par une impulsion
vigoureuse imprimée à la création des établissements d'éducation générale et professionnelle.

Ce résultat ne sera obtenu évidemment que
si l'idée juste et vraie, l'idée morale de la
civilisation, devient l'objet d'une propagande
énergique.

Pour que cette propagande acquière un
rapide développement, il n'est besoin de rien
innover ; l'institution des lectures et entretiens publics suffit. Une seule chose serait à
créer : c'est une association qui se servirait
de l'institution des lectures et entretiens publics pour former l'opinion sur les véritables

conditions de l'enfantement, et de l'extension
un plus grand nombre de travailleurs des
bonnes chances et des bienfaits de la vie civilisée.

Les lectures et entretiens devraient être
gratuits et étendus à toutes les localités de la
France, et pour faire face à ces dépenses,
l'association devrait être autorisée à rece-
voir des cotisations, des dons et des legs.

Il appartient certainement à l'homme qui,
dans ces matières, a la confiance du chef de
l'État, de se faire le patron de cette œuvre
de progrès et de salut social. Mais il faut
ajouter que tous les ministres sont également intéressés à son succès. Il en est bien
peu, parmi eux, qui, dans les mesures con-
cernant le progrès populaire, n'aient eu plus
ou moins à souffrir des idées fausses qui

règnent à l'égard de la civilisation, et de
l'indifférence, de l'apathie qu'elles entretiennent dans l'opinion.

Aucun d'eux, en face de la situation qu'il
s'agit de soulager, ne voudra l'aggraver par
un refus de concours qui ajouterait, à la liste
des infortunes et des catastrophes dont il nous
faut payer les avantages de l'état social, une
nouvelle misère, à savoir : l'impossibilité de
s'associer en France pour éclairer la conscience publique et combattre les obstacles
que les égarements de l'opinion opposent le
plus souvent au perfectionnement de la
société.

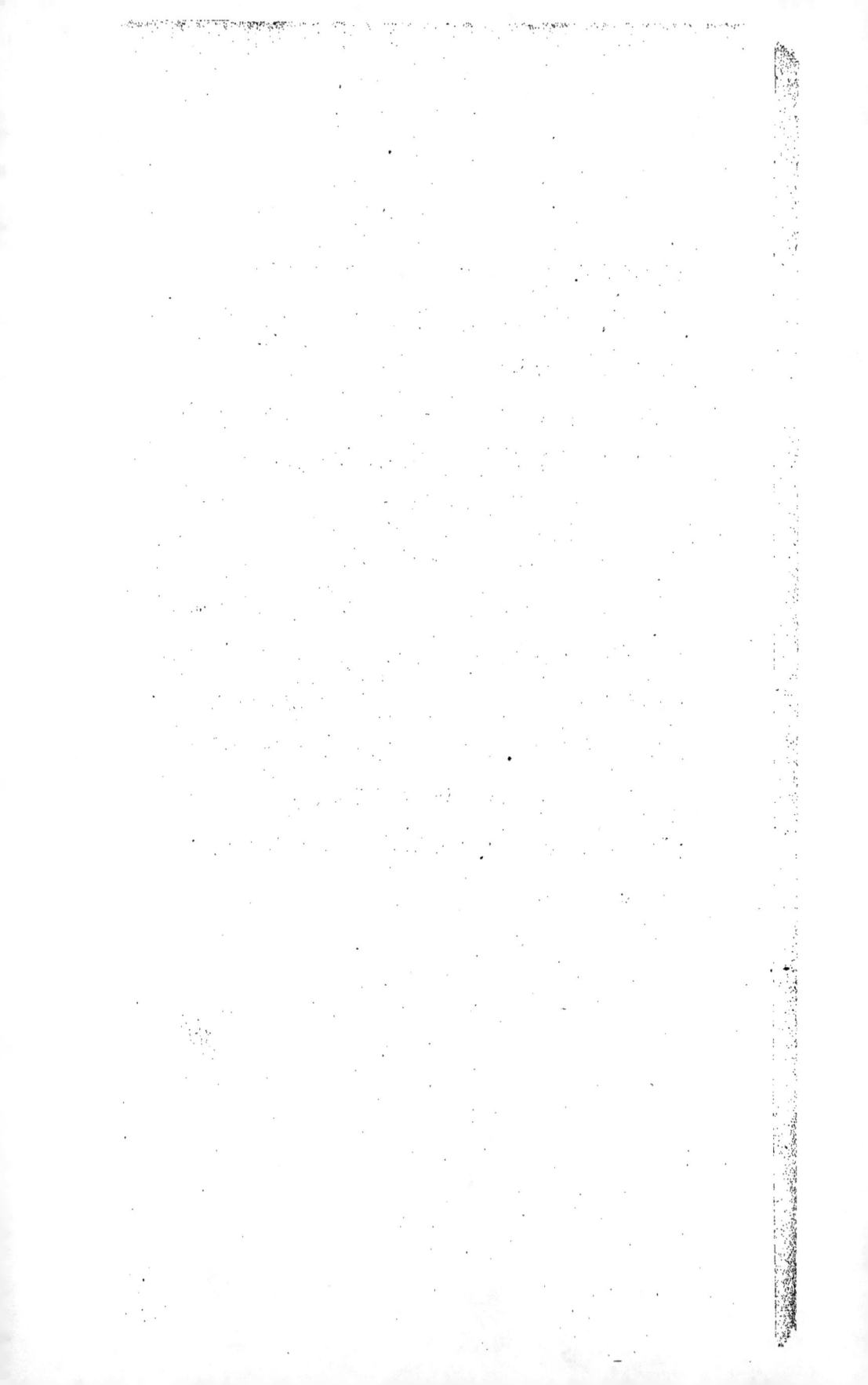

LA CIVILISATION

ET

LA DÉMOCRATIE FRANÇAISE

———

PREMIÈRE CONFÉRENCE

9 JUILLET 1865

ASSOCIATION POLYTECHNIQUE

été entraîné au delà du terrain battu, si dans le cours de cet exposé vous rencontrez çà et là quelques aperçus nouveaux, l'accueil que vous leur ferez sera pour moi comme une pierre de touche qui m'indiquera le degré d'importance que j'y dois attacher.

Le sujet dont je veux vous entretenir, c'est la CIVILISATION.

Vous avez tous, Messieurs, au fond du cœur le sentiment de la civilisation.

Vous ne trouvez pas mauvais que l'on soit animé du désir d'en faciliter les progrès, d'en accélérer la marche; car vous savez qu'elle a encore des difficultés à vaincre, qu'elle rencontre sur sa route bien des obstacles, et les plus sérieux ne viennent pas tous de ses adversaires, ils viennent parfois de ses meilleurs amis.

C'est un si grand despote, Messieurs, que l'habitude! Les idées fausses, les préventions du milieu

où l'on vit conservent tant d'influence sur l'esprit !
Croiriez-vous, par exemple, que Mirabeau, le grand
Mirabeau, ait été dans l'impossibilité de se vaincre
lui-même au moment où sa parole renversait l'an-
cien régime et mettait fin aux priviléges de sa race ?
L'anecdote est curieuse, et, ne fût-ce que pour
mettre nos grands hommes du jour en garde contre
de pareils écarts, elle mérite d'être conservée.

Dans la nuit même du 4 août, mon père, jeune
avocat, avide de nouvelles, attendait Mirabeau dans
son cabinet. Un bain était préparé... Il entre dans
un enthousiasme facile à se figurer : « Ah ! mon
ami, quelle nuit ! Plus d'abus, plus de distinctions !
Les villes, les États, les plus grands noms, Montmo-
rency, La Rochefoucauld, nous avons tous fait le
sacrifice de nos priviléges sur l'autel de la patrie ! »
Tout en parlant et en gesticulant, il entre dans son
bain, qu'il trouve glacé. Il sonne violemment ; le valet
de chambre, que le cocher avait mis au courant dans

l'office, accourt, et veut naturellement s'excuser.
« Je puis assurer à Monsieur, dit-il, que le bain est
au même degré qu'hier. — Monsieur! s'écrie Mirabeau. Ah! drôle!.... approche ici! » Il lui saisit
l'oreille et, lui plongeant le visage dans l'eau : « Ah!
bourreau!... j'espère bien que je suis encore monsieur le comte pour toi! » Ces paroles, Messieurs,
mon père les a entendues, et il a eu, je dois le dire,
toutes les peines du monde à calmer la colère du
grand tribun.

Mais voici une naïveté plus récente. Après 1848,
un grand seigneur autrichien, qui voulait faire éta-
lage de libéralisme, avait donné pour précepteur à
son fils un philosophe génevois. Un jour, passant
près de la salle d'études, il saisit quelques phrases
sur les devoirs de l'homme envers ses semblables :
« *L'homme est toujours digne d'égards, de respect ;*
il porte une âme immortelle!... » Le père s'inquiète;
il entre. « Monsieur, dit-il, le hasard m'a fait enten-

dre l'enseignement que vous donnez à mon fils; au fond, je n'ai pas d'objection à faire à tout cela. Cependant il faut s'entendre : où finit l'homme, suivant vous? — L'homme, répond le professeur un peu interdit, finit, ce me semble, là où la brute commence. — Ta, ta, ta!... Il ne s'agit pas d'histoire naturelle; il est question de morale, de politique. Je vous demande où finit l'homme. » Le professeur ne sait que répondre. « Monsieur, reprend le grand seigneur libéral, l'homme finit au baron! »

Le mot, cette fois, Messieurs, a été dit en Autriche; mais la leçon ne serait peut-être pas tout à fait inutile en France. Chez beaucoup d'amis du progrès, la disposition de celui qui a la bonne chance à tirer l'échelle après lui, est beaucoup trop répandue.

Mais l'orgueil du sang, de la fortune, est-il le seul travers d'esprit contre lequel la civilisation doive lutter? Parfois, hélas! la science elle-même, son

2

enfant de prédilection, ne lui épargne pas des prédictions sinistres.

N'avez-vous jamais rencontré, Messieurs, de ces savants inexorables qui, lorsqu'on fait allusion à la puissance indéfinie du progrès de la société terrestre, se prennent à sourire et vous répondent de l'air d'un homme sûr de son fait : « Il n'en est pas moins vrai que notre petite fourmilière humaine aura un jour le sort des habitants de la lune. Nous serons gelés, bel et bien, dans quelques milliers de siècles. Et, pour que notre belle France prenne dès demain l'aspect désolé des côtes du Labrador, que faudrait-il? Un simple frémissement de l'écorce terrestre, une nouvelle dépression du Sahara. L'Europe, privée des vents tièdes que le gulf-stream et les sables embrasés du désert lui envoient, subirait le climat des contrées situées sous la même latitude, et verrait disparaître l'olivier, la vigne, les céréales. Ne parlez donc pas de progrès indéfini. Ce qui a commencé aura une fin. »

Plus d'une fois pour ma part je me suis trouvé en face de ces terribles hypothèses; car après tout ce ne sont que des hypothèses, et j'admirais sans en être ébranlé cet accord bizarre, et que bien certainement Leibnitz n'avait pas prévu, qui peut s'établir de nos jours entre la science et la foi. Le savant qui désespère du globe n'est-il pas l'associé, le complice du théologien qui désespère de l'humanité? Il ne manque pas de pieux personnages qui opposent à l'idéal de justice qu'éveillent en nous les conquêtes de la société moderne, les vices inhérents à la nature de l'homme. Ils font apparaître le cortége des mauvais penchants, des ambitions effrénées, des intérêts égoïstes, et de même que certains savants nous annoncent que nous serons gelés, eux ils nous menacent du feu.

Messieurs, je ne pense pas que vous soyez plus effrayés d'un côté que de l'autre. La science et la conscience, telles que les siècles antérieurs les ont développées, ne sont pas tout dans la vie. Il y a la passion, l'énergie, l'enthousiasme, puissances mystérieuses qui élèvent l'âme humaine au-dessus du destin, quel qu'il soit. Et quand même, dans des milliers de siècles, notre race devrait sombrer avec sa planète comme l'équipage du *Vengeur,* eh bien! il serait digne d'elle que son dernier cri fût un cri d'amour pour la grande patrie.

Mais laissons là ces rêveries. Ce que nous deviendrons dans un avenir si éloigné, personne ne le sait. Le sort que nous pouvons conquérir pour nousmêmes et préparer à nos enfants, aux fruits de notre amour, à la chair de notre chair, au sang de notre sang, cette destinée du lendemain et des jours qui suivront, celle-là nous pouvons l'étudier et la réaliser; elle est dans nos mains, nous en sommes maîtres.

Eh bien! Messieurs, c'est une grande consolation

de pouvoir se dire que tout est prêt pour franchir la plus longue étape que, dans la voie du progrès, l'humanité ait encore eue devant elle. Ce que la génération contemporaine pourrait faire du globe, si l'on s'entendait, est inimaginable. Et pourquoi ne s'entendrait-on pas?

Je voudrais vous convaincre, Messieurs, que l'on peut s'entendre, et c'est là le vrai motif qui m'a fait aborder cet entretien.

Nous allons donc chercher ensemble à nous former une idée juste et vraie de la civilisation, de ses conditions d'existence, de ses moyens de développement.

Mais quoi! serait-il vrai que la civilisation, cette conquête à la fois l'orgueil et l'espoir de la société moderne, fût un phénomène encore inexpliqué, incompris, que ses conditions d'existence fussent mal connues? Nous nous croyons civilisés, nous parlons avec un souverain dédain, ou tout au moins avec pitié, de l'état de barbarie dans lequel végète une grande partie de l'espèce humaine, et nous ne saurions pas ce que c'est que la civilisation !

Messieurs, j'ai bien peur qu'il en soit un peu ainsi. Et le premier fait sur lequel j'appellerai votre attention va vous expliquer que cette anomalie n'est pas aussi extraordinaire qu'elle le paraît à première vue.

Ce fait, c'est la nouveauté, l'extrême jeunesse de l'idée et même du mot.

Vous me croirez difficilement peut-être quand je vous dirai que nos grands-pères avaient à peine entendu prononcer le mot de civilisation. Rien n'est plus vrai cependant; le mot n'a pas cent ans; l'idée elle-même naturellement n'est pas plus vieille. Il ne faut donc pas s'étonner si un phénomène de cette importance, inaperçu jusque-là, et soumis depuis un si petit nombre d'années aux investigations de l'esprit humain, est encore obscur, voilé, et, loin de trouver mauvais qu'on en fasse l'objet de nouvelles recherches, il faut désirer qu'elles se multiplient.

Mais, Messieurs, si la nouveauté de l'idée et du mot est un objet de surprise, le chemin rapide qu'ils ont fait l'un et l'autre a bien plus droit de nous étonner. Je réunirai ces deux observations en une seule, et j'entrerai à leur égard dans quelques détails.

Il y a cent ans, le mot civilisation n'existait pas. Dès le XVIIe siècle, Pascal avait dit que l'humanité est un grand être qui subsiste et apprend toujours ; Leibnitz, et plus tard Lessing, avaient parlé de progrès. Mais l'idée était surtout philosophique et scientifique. J'ouvre les dictionnaires du XVIIIe siècle, je cherche le mot civilisation, je ne trouve rien.

J'ouvre la grande *Encyclopédie* de Diderot et de Dalembert, commencée en 1753. Le mot civilisation n'y figure pas davantage. Mais je trouve le mot *civiliser*. Ne vous hâtez pas pourtant de conclure que l'idée de la civilisation est née. Voici l'explication dont l'*Encyclopédie* fait suivre le mot civiliser :

*Verbe actif. Terme de palais, signifie : rendre
civile une action judiciaire qui précédemment était
criminelle.*

Telle était au début de l'*Encyclopédie*, quand se
publiait la lettre C, le sens du mot *civiliser*. C'est à
un procureur au Châtelet certainement que Diderot
avait confié l'article; en tous cas, il n'y a pas là
trace de ce que nous entendons par civilisation.

C'est à cette époque cependant que l'idée et le
mot s'aventuraient pour la première fois dans quelques rares écrits de Voltaire et de Turgot. Je soup-
çonne même que c'est Turgot qui, le premier, a in-
troduit le mot *civilisation* dans son *Esquisse de
Géographie politique*. Son esprit était plein de
l'idée. Jean-Jacques parlait souvent de peuples
policés; mais ni lui, ni Montesquieu, ni Dalembert,
ni même Diderot, ne se servent du mot *civilisation*.

Mirabeau l'emploie quelquefois; Condorcet s'attaque au phénomène lui-même dans son *Esquisse des Progrès de l'esprit humain*, et la vision que ce mot fait passer sous ses yeux le jette, à la fin du livre, dans une sorte d'extase. Cependant on pouvait croire que l'idée de la civilisation allait faire un grand pas. Le bel ouvrage de Herder avait paru, e Volney, dans ses leçons d'histoire à l'École normale, en l'an III, leçons trop tôt interrompues, annonçait qu'à la fin de son cours, et comme conclusion, il traiterait les deux questions suivantes :

1° A quel degré de la civilisation peut-on estimer que soit arrivé le genre humain?

2° Quelles indications générales résultent de l'histoire pour le perfectionnement de la civilisation et pour l'amélioration du sort de l'espèce?

Malheureusement son cours ne fut pas achevé. Les esprits étaient trop agités pour qu'une conception régulière et complète du progrès fût en faveur.

Hors ces trois exceptions, Condorcet, Mirabeau, Volney, les hommes de la Révolution ne font usage ni de l'idée ni du mot. On n'en trouve la trace, de 1789 à 1799, ni dans les journaux, ni dans les rapports aux assemblées, ni dans les proclamations, ni dans les discours de club ou de tribune.

Le 26 décembre 1799, le général Bonaparte, parvenu au pouvoir, et s'adressant directement au roi d'Angleterre pour lui proposer la paix, fait appel au génie de la *civilisation*.

« La France, l'Angleterre, dit-il, par l'abus de leurs forces, peuvent longtemps encore, pour le malheur de tous les peuples, en retarder l'épuisement; mais, j'ose le dire, le sort de toutes les nations *civilisées* est attaché à la fin d'une guerre qui embrasse le monde entier. »

Le général Bonaparte marchait en avant des écrivains, des érudits; car, dans son livre sur

l'Allemagne, Mme de Staël envisageait la civilisation souvent comme un bien, parfois comme un
danger.

A la même époque, l'économiste Storch bornait
encore le sens du mot aux richesses immatérielles,
aux services rendus par la personne.

Enfin, en 1826, dans l'*Encyclopédie progressive*,
et, à partir de 1828, dans ses cours, M. Guizot, suivant la trace de Volney, applique avec éclat ses
recherches d'historien à la civilisation de l'Europe
et de la France.

La voie ouverte par M. Guizot a attiré depuis des
esprits éminents : Buckle en Angleterre, Taine en
France.

Assurément, de pareils travaux ont été et sont
encore d'une grande utilité.

M. Guizot, en particulier, a montré que la civilisation existe seulement dans l'ensemble des bonnes
tendances de l'humanité, dans l'union des biens

moraux et des biens matériels, et qu'elle implique
le développement simultané de la société et de l'individu. Mais on ne saurait faire jaillir de ces vues
générales aucune lumière, aucune indication pratique sur les moyens d'accélérer, dans le présent et
dans l'avenir, la marche de la civilisation. C'est que
le penseur, qui cherche les lois du genre humain
dans l'histoire, ressemble à un anatomiste, qui demande le secret de la vie au cadavre. La mort n'en-
seigne pas la vie; notre illustre Claude Bernard
n'aurait pas fait ses découvertes sur le système ner-
veux, s'il s'était interdit d'opérer sur des sujets
vivants. Or, le genre humain forme dans la suite des
générations, comme l'avait dit Pascal, un être qui ne
meurt jamais.

Ce n'est donc pas seulement dans l'histoire, c'est
dans la société même qu'il faut surtout étudier la
civilisation, sa raison d'être, ses principaux mo-
biles, les conditions essentielles auxquelles elle se

conserve et se développe ; et c'est là aussi qu'il est plus intéressant d'examiner la valeur que l'opinion attribue à la chose et au mot.

Quittons donc, Messieurs, le cabinet des penseurs, laissons là les livres, et voyons quel chemin l'idée de la civilisation faisait souterrainement dans le grand public, pendant que quelques rares esprits soumettaient à leur examen ses destinées rétrospectives. Voyons quelle impression elle faisait naître et quelle importance on a fini par y attacher dans les conversations, dans les habitudes de la vie, dans le mouvement quotidien de la politique et des affaires.

C'est là que la rapidité électrique de communication, de conversion, dont l'idée nouvelle était douée, tient réellement du prodige.

Messieurs, il y a à peine un siècle que le mot est né, et ce mot est déjà dans toutes les bouches, il a passé dans toutes les langues.

La civilisation, pour tout le monde, c'est la perfectibilité humaine en mouvement, c'est le progrès social vivant et grandissant, en chair et en os.

La chose est grande comme le monde, et le mot
lui-même est magique. Dès qu'il est prononcé, les
fibres nobles et généreuses du cœur vibrent. Il inspire
à tous des sentiments meilleurs. Le despote hésite,
l'émeute victorieuse suspend son cours de destruction ; le soldat s'humanise, le patriote devient cosmo-
polite, et l'être le moins éclairé, le plus abandonné,
ressent au milieu de sa vie de privations un respect
confus pour ce souffle invisible qui n'éveille en lui,
hors de lui, que des instincts généreux et ne fait
passer devant ses yeux que des perspectives de justice et de bien-être universels.

Si le pape, à la veille de perdre le pouvoir tempo-
rel, relève avec amertume le mot de civilisation et
demande que, pour l'obliger à la bénir, on la lui
présente au moins sous une forme moins défavorable

à ses intérêts, le clergé catholique n'en saisit pas moins toutes les occasions de faire remonter à l'Église une part du mérite des perfectionnements réalisés par la société. Dans les solennités qui les consacrent, il réclame sa place; il ne méconnaît pas la civilisation alors, il ne l'accuse pas, il ne doute pas d'elle, et c'est avec justice, il faut l'avouer, qu'il rappelle que, sans la conversion des esprits au dogme de la fraternité biblique et évangélique, le monde païen, réduit au stoïcisme, n'aurait jamais pu se transformer et faire place au monde moderne.

Naguère encore, que demandait M. Dupanloup à ses adversaires les économistes? Il les plaisantait un peu sur leur espoir qu'un jour l'enseignement, le crédit, l'élévation des salaires pussent rendre inutile la charité des corporations religieuses, et il ajoutait : « En attendaut ce grand miracle, laissez-nous être les ambulances de la civilisation! »

Chose étrange! Messieurs, on conteste la loi du

progrès appliquée dès l'origine au développement des sociétés humaines, et il n'entrerait dans l'esprit de personne de douter de la réalité de la civilisation, ou de se mettre en travers de sa marche, tant on est convaincu qu'elle renverserait tous les obstacles.

C'est qu'en effet la loi du progrès, observée d'abord dans la marche des sciences exactes, a conservé quelque chose de l'absolu de ces sciences. Mais les premiers pas des races humaines, leurs faits et gestes sur tous les points du globe, offrent tant d'obscurités et de contradictions, que l'idée d'une progression mathématique appliquée au développement des sociétés, doit soulever de graves objections chez les meilleurs esprits.

Le progrès, la perfectibilité, c'est le système.

La civilisation, c'est le fait sans système. La civilisation n'implique nullement la nécessité d'une progression continue. Elle exprime une conquête accomplie et des conquêtes futures; elle peut admettre dans le passé des mouvements de recul, des périodes stationnaires, une diversité infinie d'allures, des lacunes, et même des faits contradictoires inexplicables. Le cœur dit que la chose existe avant même qu'on en connaisse les aspects multiples et les conditions. Enfin les choses en sont venues au point que la civilisation, pour le plus grand nombre, c'est plus qu'une idée, c'est une passion, une foi qui, comme toutes les croyances, résiste à l'incompréhensible et au mystère. Ajoutons, pour couronner le tableau, que cette foi nouvelle et irrésistible a passé dans les lois, elle gouverne les événements. Nos révolutions multipliées, la politique économique de la Grande-Bretagne, le caractère et les conséquences de la crise américaine le témoignent de la manière la plus éclatante.

Voilà, Messieurs, le chemin rapide qu'ont fait l'idée et le mot de civilisation. Examinons maintenant de

3

quelle manière la civilisation elle-même s'est développée sur le point du globe où sa marche a été le
plus régulière.

Messieurs, je ne remonterai pas au temps des cités
lacustres et à l'âge de pierre. Transportons-nous de
suite aux premiers siècles de l'époque historique,
dont les légendes des poëtes nous ont conservé la
trace. Voyez combien le champ de la civilisation
était rétréci! quels obstacles l'organisation sociale
antique et l'état de l'industrie apportaient à son
développement! la femme était encore la servante
du chef de famille, le progrès ne pouvait exister
qu'au profit d'un petit nombre de privilégiés ren-
fermés dans l'enceinte des villes. En dehors des campagnes environnantes que les esclaves cultivaient,
ce n'était que forêts impénétrables, marais, landes,
espaces déserts, peuplés de bêtes féroces et où
campaient de loin en loin quelques hordes no-
mades.

Ce fameux hydre de Lerne, dont la massue d'Hercule a fait tomber les sept têtes, vous le savez, c'était un marais dont les exutoires se multipliaient quand on voulait les barrer partiellement. Un chef de ces temps reculés a été élevé au rang des demi-dieux pour avoir desséché le marais et tari d'un coup les sources empoisonnées qui en sortaient. Ce marais, plus d'un voyageur en a visité l'emplacement : il tiendrait dans la place de la Concorde. C'est un travail qui demanderait aujourd'hui une vingtaine de mille francs.

Les entreprises de cette sorte prirent une extension considérable sous la domination de Rome. Déjà les mœurs, les arts, les lettres, avaient acquis un haut degré de développement dans les contrées que baigne la Méditerranée. Mais quel contraste avec le centre et le nord de l'Europe ! Malgré la nouvelle lumière qu'allait répandre l'Évangile, de quelle nuit la civilisation était menacée ! Quelle idée les beaux

esprits d'Athènes et de Rome pouvaient-ils se faire de
l'avenir des sociétés, quand ils portaient leurs regards
au delà du Danube et du Rhin ! Certes, je crois qu'on
aurait fort étonné Platon, Euclide, Archimède et Pline,
si on leur avait dit qu'un jour les plus grands progrès des sciences qu'ils cultivaient seraient dus à des
hommes de génie formés au milieu de ces barbares,
de ces Celtes, de ces Goths, de ces Germains, de ces
Normands, sans industrie, sans littérature, et qui ne
leur semblaient propres qu'à approvisionner leurs do-
maines, leurs gynécées, leurs cirques, leurs légions,
d'esclaves robustes, de fraîches courtisanes, de gla-
diateurs et de soldats. Mais le choc a lieu. Les deux
moitiés de l'Europe se confondent. Quel chaos ! Et à
la suite de cette crise de croissance, avec quelle
lenteur encore s'opère le retour à la vie ! mais aussi
quelle vigueur, quelle séve juvénile éclate dans ce
grand corps après la réforme! L'imprimerie, la poudre
à canon, la boussole, enfantent pour ainsi dire des

destinées nouvelles. Galilée et Bacon émancipent l'esprit humain; les révolutions d'Angleterre, d'Amérique, de France, achèvent dans l'ordre politique la grande œuvre commencée par Luther dans l'ordre religieux. Enfin les sciences et les arts prennent un tel essor que l'impatience publique accueillerait volontiers aujourd'hui la nouvelle, quelque merveilleuse qu'elle fût, que les perfectionnements sociaux vont désormais s'accomplir avec la rapidité de la vapeur et du télégraphe électrique.

La loi du progrès désormais semble être celle-ci : l'impulsion acquise par les conquêtes antérieures est multipliée par la puissance résultant des acquisitions nouvelles. Ce ne sont pas des nombres qui s'ajoutent les uns aux autres par voie d'addition, ce sont des nombres qui se multiplient les uns les autres indéfiniment.

Nous voilà donc en possession de deux faits essentiels : d'une part, l'idée de la civilisation est toute moderne, et la rapidité avec laquelle elle s'est répandue dans les esprits égale sa nouveauté. De l'autre, la loi de progression n'est pas arithmétique, elle est géométrique, et elle a atteint une telle puissance d'accélération qu'il serait difficile d'imaginer un besoin sérieux et légitime des populations que les ressources des sciences, des arts, de l'épargne, combinées par un bon plan de finances et de crédit, ne soient en mesure de satisfaire.

Je voudrais n'avoir que des perspectives aussi agréables à faire apparaître à vos yeux. Mais il faut envisager le sujet sous toutes ses faces, et il y en a malheureusement, Messieurs, de moins agréables à contempler.

Au fond, les sociétés font-elles tout ce qu'elles pourraient faire? Les œuvres de la civilisation sont-elles à la hauteur de l'idéal que l'on s'en forme? Évidemment non. A quoi cela tient-il?

Il ne manque pas en France d'esprits un peu vifs

qui, dès que quelque chose cloche dans l'ordre social ou économique, s'en prennent au gouvernement. Dans mon opinion, Messieurs, le gouvernement est, sur le point dont il s'agit, parfaitement innocent. En matière de civilisation, il ne peut entreprendre que ce que l'opinion lui demande d'accomplir. Si, malgré tant de progrès, qu'il serait assurément aveugle et ingrat de contester, les sociétés ne font pas cependant en faveur de la civilisation tout ce qu'elles pourraient et devraient faire, il faut s'en prendre à l'état de l'opinion.

Commençons par indiquer à grands traits où en est la civilisation. Nous examinerons ensuite quelles sont les idées les plus générales qui règnent à son sujet, nous sonderons le moral des sociétés civilisées, et nous rechercherons si le perfectionnement le plus essentiel et le plus urgent à réaliser aujourd'hui ne consisterait pas à régénérer la conscience publique elle-même, par le sentiment des obligations sacrées qu'entraîne la possession des bienfaits de la vie civilisée.

Le crédit à long terme, Messieurs, en constitue-t-il moins une dette? Vous ne le pensez pas. Eh bien! c'est un crédit à long terme qui nous est ouvert quand nous entrons dans ce monde. Nous y recevons, pour en jouir pendant toute notre vie, les conquêtes accumulées par les générations antérieures, et nous ne pouvons nous acquitter honnêtement de cette dette qu'en transportant à la génération qui nous suit ce dépôt précieux, accru des intérêts. Les intérêts, ce sont les acquisitions nouvelles que, pendant notre possession viagère, nous devons ajouter à celles dont nous avons joui.

Aujourd'hui, où en sommes-nous de nos comptes avec le passé et l'avenir? En d'autres termes, dans quel état trouvons-nous le monde? Quelle est l'étendue, la puissance des instruments de progrès que nous possédons? Quel usage en faisons-nous?

Messieurs, l'état du monde, d'abord, laisse évidemment beaucoup à désirer. Si nous parcourons du regard la surface du globe, si d'un pôle à l'autre nous visitons les zones variées de la planète, si nous pénétrons au sein des agglomérations humaines qui les habitent, nous reconnaîtrons que sur le plus grand nombre de points règnent la misère, la superstition, la souffrance.

L'Europe est sans contredit un foyer de lumières, une terre privilégiée; mais, au sein des nations les plus éclairées, le grand nombre n'est-il pas encore plongé dans les ténèbres, étranger aux douceurs du foyer, végétant loin des grands centres, parqué dans des travaux dont les procédés peu perfectionnés et les assujettissements de toutes sortes sont une cause forcée de vie grossière? C'est, à des degrés divers plus ou moins prononcés, l'état de la Russie, de l'Espagne, de l'Italie, de l'Allemagne, et même de la France et de l'Angleterre.

A cette situation peu satisfaisante, il faut ajouter que les frontières mal déterminées, des antipathies de race ou de religion, le ressentiment que la conquête a laissé dans les esprits, tiennent l'Europe dans de perpétuelles alarmes; les appareils de guerre se multiplient, le nombre des troupes sous les armes s'accroît; l'esprit d'invention et des capitaux immenses sont employés à créer dans chaque pays des moyens de plus en plus puissants pour anéantir les richesses et la force productive de ses voisins. Voilà la principale, la plus sérieuse occupation de cette Europe, qui s'enorgueillit de ses lumières, de ses arts, de ses mœurs! Elle possède des ressources suffisantes pour entreprendre la culture et la civilisation du globe entier, et elle gaspille ces forces dans des apprêts barbares, sans souci même d'introduire chez elle les lumières, la liberté, le développement complet des vocations naturelles jusqu'au dernier degré de l'échelle sociale.

Portons maintenant nos regards hors de l'Europe, ce sera bien pis. Hormis l'Amérique septentrionale, théâtre d'une guerre effroyable, mais qui va se relever bien vite de cette colossale épreuve, parce que la plus forte race y a pris possession du sol, hormis quelques points rares où l'industrie de l'Europe multiplie les villes et les défrichements, le reste du monde ne présente-t-il pas le spectacle de nations dégénérées ou à demi sauvages, en proie à tous les vices que l'abus de la force, le fanatisme le plus cruel puissent engendrer, ou de peuplades éparses, plus près de la brute que de l'homme?

Que dire de la condition sociale où se trouvent plongées les populations dans le nord de l'Afrique, dans la Syrie, l'Asie Mineure? Que dire de l'Inde même, de la Chine et du plateau central asiatique? Y a-t-il dans cet immense continent, berceau de la race humaine, en exceptant quelques points rares que visite le commerce ou qu'occupent la ma-

rine et les armées anglo-françaises, et le Japon,
qui nous est imparfaitement connu, y a-t-il, dis-je,
aucun principe actif de perfectionnement, aucun
ressort moral ? Quel spectacle offre le riche et vaste
territoire africain occupé par la race nègre, et ces
immenses pampas, ces forêts impénétrables de
l'Amérique du Sud, où s'éteignent les derniers dé-
bris des races indiennes ?

Certes un examen détaillé des mœurs, des procédés industriels, du degré de développement moral
et intellectuel de la plupart des groupes dispersés
sur la surface du globe, doit amener la conviction
qu'à moins d'un effort systématique dans lequel les
ressources des peuples avancés seront combinées, il
n'est pas possible que ce que nous appelons la civilisation soit autre chose qu'un fait local, circonscrit
dans des limites étroites, comparativement à l'immense surface de la planète.

L'énergie individuelle, l'intérêt, le commerce, ont

sans doute une influence lente, mais sûre; c'est la
tache d'huile qui gagne peu à peu du terrain. Si les
regards ne s'étendaient qu'à la limite où cette action
des intérêts privés s'exerce, la conscience des résultats journellement obtenus suffirait peut-être;
mais l'imagination va au delà, elle embrasse aujour-
d'hui d'un seul regard toutes les parties du globe.

A chaque instant, nous sommes informés de ce
qui se passe sur tous les points des îles et des con-
tinents. Il n'y a pas une peste, une famine, une
tempête, un incendie de forêt, une boucherie humaine exécutée par le roi de Dahomey, une sauva-
gerie bestiale accomplie aux antipodes, qui n'ait
aujourd'hui du retentissement dans toutes les contrées de l'Europe, et devienne bientôt aussi familière
aux salons de Paris, de Londres, de Vienne et de
Pétersbourg, qu'un accident de chemin de fer ou un
scandale de cour d'assises.

Cette communication universelle et de tous les

instants ajoute à la surexcitation nerveuse de l'époque, à cette impressionnabilité, à cette impatience fébrile du mieux, qui a eu une si grande part dans les secousses politiques de ces derniers temps.

Les découvertes heureusement se multiplient avec une rapidité qui n'a d'égale que l'ardeur avec laquelle l'industrie les applique aux besoins sociaux. Mais supposez que les recherches de la science soient suspendues, que la verve des écrivains soit tarie, que les épargnes soient gaspillées, que le génie des entreprises industrielles s'arrête : à l'instant, les aspirations inassouvies de la multitude entretiennent dans le corps social une fermentation, un malaise que rien ne pourrait apaiser; nous ne sortirions pas des révolutions.

Ce naturel excitable, ce tempérament particulier à notre époque rend plus choquante encore pour nos idées et nos mœurs la situation générale dans laquelle se trouve le monde. Il sollicite de la part

de tous les hommes éclairés une initiative énergique; car il n'y a personne aujourd'hui qui mette en
doute le pouvoir qu'ont les peuples civilisés, s'ils
s'entendent et agissent en commun, de transformer
progressivement partout l'ignorance en lumière,
la misère en richesses, et la barbarie en civilisation.

Voilà donc un nouveau fait qui est de toute évidence, c'est que la réalité de la civilisation est bien
en arrière de l'idéal qu'on s'en forme, et que l'état
du monde appelle de la part de la génération qui
s'élève un immense pas en avant.

Mais sommes-nous disposés à l'accomplir? L'opinion est-elle préparée à cette grande entreprise? La
conscience publique chez les nations avancées est-elle
à la hauteur de leurs devoirs? C'est ce qu'il nous
reste à examiner.

Ici, Messieurs, j'ai besoin de toute votre attention,
de toute votre bienveillance.

J'éprouve une forte conviction. Elle n'est pas flatteuse pour notre époque, ni par conséquent agréable à développer. Mais enfin quand on a devant soi une vérité, il faut avoir le courage de l'envisager en face.

Eh bien! cette vérité désagréable, c'est que, jusqu'à présent, nous nous sommes beaucoup trop attachés au tableau des bonnes et belles choses dont nous fait jouir la civilisation, et que nous avons été beaucoup trop indifférents à la manière dont ces bonnes et belles choses se produisent.

Messieurs, à quelles conditions s'accomplit la civilisation, et quelle idée se forme le public à cet égard?

Voilà des questions très-complexes, très-peu étudiées jusqu'à ce jour, et au fond desquelles je voudrais que nous eussions ensemble le courage de pénétrer.

Il faut bien le dire, la plupart du temps la pensée

de la civilisation ne vient aux heureux de ce monde
que lorsque leurs sens, ou leur imagination, sont
sous l'influence d'une sensation agréable.

Et quand je prononce ces mots : les heureux de ce
monde, permettez-moi de déclarer que je ne pré-
tends pas opposer une classe à l'autre.

J'ai été témoin, dans des familles opulentes, de
tortures morales, d'infortunes sans remède, comme
il n'en existe pas, comme il n'en peut pas exister dans
la classe ouvrière. Croyez-moi, le bonheur aussi est
relatif. Il y a des êtres favorisés par le sort, par la
fortune, dans tous les rangs de la société, dans toutes
les carrières, dans toutes les conditions.

Eh bien ! Messieurs, cette foule d'heureux de toute
condition, c'est en face des merveilles de l'industrie, c'est au milieu des séductions d'une grande
capitale, alors surtout que des solennités comme
celle que Paris prépare pour 1867, y concentrent
les richesses du monde entier; c'est au milieu de

4

ces splendeurs, dans ce tourbillon d'intérêts satisfaits, de tentations surexcitées, qu'ils se surpren-
nent à penser : C'est une belle chose que la civilisation !

Oui, Paris est une ville de prodiges, où des millions de becs de gaz font durer le jour vingt-
quatre heures, où, grâce à l'asphalte, on peut, malgré
la boue des rues, se promener des heures entières
les pieds secs. Les belles maisons n'y manquent pas ;
seulement les loyers sont un peu cher. Les produits
du monde entier y affluent ; la vue au moins n'en
coûte rien. Et les années d'exposition l'abondance
est telle, la curiosité, l'admiration ont tant de sujets
de s'exercer, qu'attirée de tous les points de la pro-
vince et des extrémités du globe, la foule y déborde
incessamment de toutes les gares des chemins de fer.

Ce mouvement, cet éclat, ces surprises, toutes ces
richesses, tout cet orgueil et cette joie, eh bien ! oui,
Messieurs, ce sont les fleurs et les fruits de la civili-

sation. Mais ce bel arbre de la science et de l'industrie moderne a des racines. Ces racines plongent dans une terre imprégnée de soucis et de douleurs ; elles se nourrissent de larmes et de sang. Voilà ce qui ne se dit pas, ce qu'on voudrait ne pas voir. Et l'on a bien tort ; car c'est la première vérité, au contraire, qu'il faudrait apprendre à la jeunesse, à son entrée dans la vie, afin de lui donner le sentiment sérieux de ses devoirs.

Messieurs, je ne voudrais pas trop assombrir cette réunion ; mais il faut cependant que vous en rapportiez une idée juste, quelque grave et sévère qu'elle soit. Et l'idée de la civilisation n'est complète et par conséquent vraie et juste, que si l'on place sous ses yeux et si l'on médite ce fait mystérieux, douloureux, des sacrifices qu'elle impose et des victimes qu'elle fait.

Ce tableau, je vais essayer de le faire passer rapidement sous vos yeux.

Commençons par les conquêtes de la politique.

L'égalité dont nous jouissons, la liberté qu'on nous promet sont des biens inappréciables, les plus précieux de tous peut-être, pour une société parvenue au point de développement que nous avons atteint. Mais combien de révolutions n'a-t-il pas fallu pour les conquérir!... Que de ruines les révolutions ont faites! que d'angoisses elles ont coûtées!

La gloire est encore un bien précieux. Mais à quel prix doit-on l'acheter! Pour une seule expédition comme celle de Crimée, il a fallu que la France, sur un effectif de 309,268 hommes, sacrifiât 95,615 morts, et l'on a compté 436,144 entrées aux ambulances et aux hôpitaux. Je puise ces chiffres dans le rapport officiel du docteur Chenu, qui récapitule ainsi les pertes totales des cinq armées, française, anglaise, piémontaise, turque et russe.

Tués sur le champ de bataille.   53,091

Morts à la suite de blessures ou de ma-

ladies   731,984

Total des morts. . .   785,075

Voilà la guerre extérieure, la guerre contre l'en-
nemi.

Maintenant voici la guerre civile.

La conservation de l'unité d'un grand pays libre
est assurément un intérêt de premier ordre, et les
États-Unis, s'ils réussissent en outre à affranchir les
noirs, trouveront dans cette mesure un honneur et
une source de bien-être incomparables. Mais quelle
lutte de géants! quelle monstrueuse destruction de
capitaux et d'hommes!

Le Nord à lui seul avoue 350,000 morts et un mil-
lion de blessés.

Voilà, Messieurs, ce que peut coûter à une grande
nation la conservation de son unité et l'affranchis-

sement d'une race jusque-là plongée dans la ser-
vitude!

Ces boucheries sont horribles, n'est-ce pas? Il
semble que l'imagination ne puisse rien concevoir
de plus abominable. Eh bien! c'est une erreur. Le
sacrifice que coûte à l'humanité le développement
du travail pacifique, l'exercice des industries, les
recherches de la science et toutes les créations civiles, est plus grand, plus déplorable encore.

Les révolutions, les guerres, en effet, sont des
cataclysmes qui n'éclatent que par intervalle. On
peut même croire que la sagesse et la prévoyance
des nouvelles générations leur permettront, sinon de
s'y soustraire, au moins de les atténuer. En tout cas,
en répartissant sur les quarante années de paix qui
avaient précédé la perte de deux cent mille hommes
environ que nous avons faite depuis treize ans, c'est
une moyenne de cinq mille morts par an. Il faut
porter au triple, et peut-être au quadruple de ce

chiffre, le nombre des victimes que l'enfantement
des bienfaits de la civilisation, sans jamais se las-
ser, en temps de guerre et en temps de paix, fait
dans les familles et dans les carrières.

Messieurs, j'ai parlé tout à l'heure de la salubrité,
de la propreté de la capitale. Mais Paris n'est délï-
vré journellement de ses détritus, son pavé et ses
trottoirs ne sont étanchés après l'orage que parce
qu'il y a des égouts, et dans ces égouts des égoutiers. Le spectacle que présentent les étalages des
magasins inondés de flots de lumière est féerique, et
il est d'une grande commodité de pouvoir circuler
la nuit comme le jour de la Place-Royale à la Chaus-
sée-d'Antin, de l'Observatoire à la gare de l'Est;
mais le gaz n'existe que parce qu'il y a de la houille,
et des mineurs occupés, à douze cents pieds sous
terre, à l'extraire des galeries. Ces monuments, ces
magnifiques quartiers reconstruits ou en construction, exigent une armée de maçons. Ces tissus, ces

ameublements, ces véhicules, ces machines merveil-
leuses qui semblent douées de la puissance des fées,
ces comestibles venant de la terre et des mers, tous
ces produits nationaux ou exotiques, nous ne les
possédons que parce qu'il y a des ouvriers pour
les produire, des marins pour en effectuer le trans-
port.

Eh bien! sachez-le, pour que ces innombrables
travaux s'accomplissent, pour que vous jouissiez de
leurs résultats, pour que la civilisation suive enfin
son cours et progresse, il faut que des millions
d'hommes vivent exposés à tout instant aux miasmes
délétères, aux éboulements, aux inondations, au feu
grisou, à la tempête, aux chutes des échafaudages,
aux morsures des engrenages mécaniques, à mille
dangers, à mille tortures enfin que je ne puis énu-
mérer; et il faut que chaque année un certain
nombre de ces égoutiers, de ces puisatiers, de ces
vidangeurs, de ces carriers, de ces mineurs, de ces

maçons, de ces marins et de tous ces travailleurs
de tout ordre et de tout grade, perdent la vie pré-
maturément, et qu'un plus grand nombre encore
soient mutilés.

Les travaux de cabinet, les recherches et les expériences des savants, ne les exemptent pas de four-
nir leur contingent dans ce tribut annuel. Sans
doute, le nombre des victimes ici est moins considérable. La fatigue n'enlève pas dans la force de
l'âge tous les naturalistes comme Gratiolet; peu
d'inventeurs, comme Leblanc, qui, par la soude
artificielle, a doté le monde d'un revenu d'un mil-
liard, sont tombés dans cet excès de misère d'où il
n'est sorti que par le suicide; tous les aéronautes
n'ont pas été précipités de la région des nuages
comme Blanchard et Jefferie; tous les étudiants en
médecine ne s'inoculent pas le virus cadavérique
avec leur scalpel; des expériences comme celles de
Dulong et Arago, pour prévenir l'explosion des chau-

dières, ne sont pas communes, et l'effondrement du
laboratoire de Regnault n'a pas lieu tous les jours!
Mais il n'en est pas moins vrai que la science aussi
paye son tribut, et quand c'est le génie qui suc-
combe, on peut dire que la valeur du sacrifice com-
pense la quantité.

Mais prenons en bloc l'holocauste annuel dont
le genre humain paye ce privilége qu'il possède
de dominer la planète et d'y étaler, dans sa course
à travers les cieux, le spectacle de la vie civilisée!

Savez-vous, Messieurs, quelle en est l'importance? Dans notre seul pays, la statistique officielle,
bien incomplète, vous allez le voir, fait monter le
nombre des morts et des mutilés à douze ou treize
mille par an. Or, ce chiffre ne comprend ni les marins qui perdent la vie dans les naufrages, nombre
effrayant, car l'Angleterre et la France, à elles
seules, perdent en moyenne quatre navires par jour,
ni les colons et les émigrants qui s'éteignent sous

un climat meurtrier, ni les explorateurs comme Lapeyrouse, Jacquemont, Gérard! Ce chiffre ne comprend pas, enfin, le sacrifice le plus douloureux, le plus lamentable, car il nous enlève ce qu'il y a de plus jeune, de plus beau, de plus pur : les enfants que la maladie du jeune âge emporte, et ces anges de tendresse que rien ne remplace, les jeunes mères qui meurent en couches.

Hélas! pour progresser ne faut-il pas naître? Et combien d'enfants en venant au jour tuent leurs mères! A la Maternité, sur trois mille entrées dans l'année, les décès sont du dixième. Et parmi celles qui survivent, combien perdent leurs enfants avant d'en avoir pu faire des hommes!

Messieurs, je prévois toutes les réflexions qui s'élèvent dans vos esprits, l'idée que la civilisation a un revers aussi lugubre est insupportable. Et quand j'ai bien compris que c'était là un fait permanent, régulier, inéluctable, une nécessité fatale qui dévore des victimes, même au moment où je parle, cette pensée a été comme un cauchemar. J'ai voulu m'en débarrasser. J'ai réfléchi, j'ai écouté ce qui se disait autour de moi.

Un maçon tombe d'un échafaudage. Il pouvait ne pas tomber. Personne n'est tenté de l'accuser d'ivresse; mais on peut penser que c'est un maladroit. Eh! pourquoi est-il maladroit? Ce couvreur a mal fixé son escarpolette; il est lancé dans l'espace. Pourquoi a-t-il été imprévoyant? L'homme n'est-il pas pour beaucoup ce que l'éducation le fait? Si l'esprit de ce malheureux avait été plus éveillé, mieux meublé de tout ce qu'il lui était utile de connaître, si une gymnastique professionnelle avait développé ses muscles et ses sens, le même individu, dans la même situation, aurait eu au moins une chance pour lui. La diminution des risques est donc pour beaucoup une question de perfectionnement et de multiplication d'écoles, et il faut déplorer amèrement l'indifférence d'une certaine partie du public à ce sujet.

Le marin, lui, lutte de toutes ses forces, de toute son intelligence. Mais le vaisseau s'entr'ouvre, l'équipage, capitaine et matelots, est englouti. Le sinistre pouvait-il être évité? Est-ce un récif, une côte mal explorée, qui en a été cause? Est-ce un vice de construction du navire? Alors, c'est un progrès dans la connaissance des mers, dans l'art du constructeur, ou même dans la moralité, l'intelligence de l'armateur, qui doit être accompli, pour que la vie de l'homme soit ménagée.

Nos pauvres mères qui meurent en nous donnant la vie, ces frêles créatures qui en sortent si vite, après y être entrées, comment espérer les conserver, comment prolonger leur existence autrement que par un progrès dans l'hygiène, dans l'alimentation, et, disons-le, dans le vêtement? Mais le plus grand nombre de ces deuils de famille est le fruit de la

misère, du défaut de soins, de la pauvreté du sang.
Comment les prévenir autrement que par une extension du travail, du crédit, de l'enseignement, éle-
vant les masses à un nouveau degré de lumière et
d'aisance?

De quelque côté que l'on porte ses regards, on
est donc obligé de reconnaître que, dans l'état présent des choses, les accidents, les misères, les
catastrophes de toute sorte qui se renouvellent
régulièrement d'année en année, sont la condition
nécessaire, inévitable, de la production de tous les
biens de l'existence terrestre, et que la civilisation
elle-même, par ses développements ultérieurs, peut
seule guérir les blessures qu'elle fait au genre
humain.

La conséquence à tirer de ce fait capital, Messieurs, c'est que la civilisation, prise dans son ensemble, n'est réellement pas telle que la conscience
publique la conçoit, et que le sentiment qu'elle fait

naître chez ceux qui, à tous les étages de la société, jouissent de ses bienfaits, doit être réformé.

La civilisation leur apparaît, je le répète, comme un ensemble de satisfactions, d'agréments, de dou-ceurs dont il faut poursuivre ou conserver la posses-sion, en évitant le plus possible de prendre part aux désagréments, aux sacrifices indispensables pour les conserver et les accroître.

Si l'on ne considère que les affections et les inté-rêts de la famille, cette préoccupation est naturelle, innocente. En face des intérêts de la grande masse des travailleurs, elle devient, osons le dire, l'expres-sion d'un égoïsme mal entendu. Les risques, les rudes épreuves, fortifient et élèvent l'homme, et il y a comme une sorte d'abandon de soi-même, en même temps qu'un manque de dignité et d'honneur, à s'y soustraire.

La civilisation ne peut réellement progresser que si elle multiplie dans toutes les conditions les carac-

tères courageux, les âmes bien trempées, pleines de
respect pour le vrai mérite, de sympathie active
pour le malheur. Car une vaste solidarité enveloppe
la société entière; nul ne souffre pour lui seul, il
souffre pour tous.

Enfantement sublime! mystère divin de vie universelle et d'éternelle justice! La civilisation devrait
être aux yeux de tous les hommes une chose sacrée,
et il faut absolument, en effet, qu'elle le devienne!

Comment s'accomplira cette grande évolution
morale? D'où viendra le souffle générateur qui ré-
pandra dans les âmes la passion de nos destinées
collectives? Le souffle qui nous rappellera dans la
bonne fortune ceux qui en supportent les mauvaises
chances? Le souffle de bonté et d'honneur, qui met-
tra au premier rang dans l'estime des populations
le courage civil, le culte du dévouement et de la
vertu, non-seulement parce que la conscience nous

y fait voir une supériorité morale, belle et sacrée en elle-même, mais parce que ce courage, ces dévouements, ces vertus, forment le grand ressort de la marche progressive du genre humain, de la culture et du peuplement de la planète ; car si ce ressort magnanime cessait un moment de fonctionner, les conquêtes des générations antérieures seraient compromises, et l'humanité entière, au lieu d'avancer, rétrograderait.

Messieurs, j'ai confiance que cette évolution salutaire s'accomplira d'abord en France! Et l'impulsion, l'initiative chaleureuse qu'elle nécessite, j'ai confiance qu'elle sera prise par la démocratie.

La France a été jusqu'à ce jour le foyer le plus fécond des perfectionnements sociaux. Aujourd'hui encore, ce sont les élans de son cœur, c'est la puissance d'expansion sympathique de notre race qui donne aux populations laborieuses et éclairées du monde entier le plus d'espoir de voir triompher prochainement la politique de paix, d'amélioration et de liberté qu'elles poursuivent.

En effet, Messieurs, quelle part la France prend-elle à la civilisation? Quel est le domaine qui nous soit propre et dans lequel nous puissions nous flatter de remplir notre rôle de grande nation?

Nous ne pouvons pas dire que nous soyons maîtres en matière d'indépendance et d'audace religieuses. C'est à l'Allemagne que revient l'honneur de la révolution qui a le plus contribué à affranchir la conscience humaine. Nous n'excellons pas davantage dans la pratique de la liberté. L'Angleterre nous offre, sous ce rapport, des exemples que nous serions très-heureux d'être admis à pouvoir imiter. Nous ne brillons pas non plus par nos colonies, et nous avons devant nous les États-Unis d'Amérique qui sont sans rivaux dans l'art de peupler et de défricher les terres vierges.

Tout cela est vrai; mais il y a un point par lequel

nous attirons les sympathies et la considération du monde entier.

Notre révolution a accompli une régénération complète des rapports sociaux et des mœurs; les nations mêmes qui l'avaient combattue l'ont réalisée, après nous, plus ou moins.

Il est donc naturel que la nouvelle évolution morale à opérer dans l'opinion se manifeste d'abord dans notre pays.

Maintenant pourquoi me paraît-il vraisemblable que la démocratie donnera le branle et tiendra la tête du mouvement? C'est que les habitudes du sybaritisme ne l'ont pas énervée, qu'elle n'est pas détournée de la voie sérieuse et rude du bien par les mille distractions, les mille exigences que les intérêts et les relations du monde font naître à chaque pas; c'est enfin que, si l'on peut déplorer quelques exemples rares de vices ou d'appétits grossiers, la civilisation ne développe que des pensées graves et des intérêts généreux, dans la grande masse des travailleurs.

Messieurs, je cherche à me représenter le type du vrai civilisé.

Il m'apparaît surtout dans le savant modeste, dans le professeur, le médecin, l'ingénieur, le marin, le mineur, et aussi, je ne craindrai pas de le dire, dans l'égoutier, le pompier, le soldat, le terrassier, le maçon, le mécanicien, l'ouvrier des fabriques, les chefs et sous-chefs de l'industrie! Et j'ajouterai, Messieurs, que je salue ce mérite, cette nouvelle dignité chez la femme aussi bien que chez l'homme!

Ce qui constitue la qualité d'être civilisé, ce ne sont pas les délicatesses du goût, les ornements de l'esprit, le train de vie que l'on mène; ce sont les actes, c'est la conduite, c'est le caractère.

Le vrai civilisé est en même temps civilisateur. Il unit, en les alternant, la joie et la peine, la sécurité et le risque volontaire.

Voyez ces innombrables travailleurs se dé-
lassant au foyer de la famille ou prenant part
à une fête, à un banquet de corps à la face du
soleil...

Tout à coup la cloche sonne, une dépêche arrive,
le clairon retentit.

A la mer! à la mine! au chevet du malade! aux
armes! pour la famille, pour la société qu'on nourrit,
qu'on vêtit, qu'on réchauffe, qu'on abrite, pour la
ville qu'on assainit ou qu'on embellit, pour la patrie,
pour l'humanité!

Au premier signal, ils quittent tout ce qui leur est
cher. Ils ne craignent ni l'ennui, ni la fatigue. Beaucoup vont même hasarder leur vie.

Et, remarquez-le bien, cette existence incertaine,
tourmentée, n'est pas seulement le partage de ceux
à qui la nécessité l'impose. Dans toutes les conditions
et toutes les carrières, en quelque rang que la fortune les ait fait naître, nombre de natures géné-

reuses s'y livrent par le seul entraînement d'une vocation irrésistible.

C'est que, s'il y a des êtres qui ne sont touchés que par les fades douceurs d'une vie exempte de traverses, il y en a d'autres auxquels la perspective d'un bonheur sans épreuves causerait un ennui mortel. Ceux-là affrontent volontairement les dangers, les soucis, les privations, et cependant ils apprécient tous les charmes de l'abondance, du plaisir, de la sécurité. Mais ils sentent que ces biens ne sont pas tout, qu'ils n'apportent, avec eux, aucune des satisfactions de la conscience, ni la gloire, ni l'honneur; et c'est pour conquérir ces richesses morales, ces viriles jouissances de l'âme qu'il leur est doux de quitter momentanément les douceurs du foyer domestique et d'affronter les orages du dehors.

Vous comprenez maintenant, Messieurs, ma confiance dans la démocratie!

Ah! croyez-le bien, que la démocratie s'élève à la hauteur de sa tâche, et son influence sera invincible. Quelles résistances sérieuses l'idée morale de la civilisation pourrait-elle rencontrer dans les esprits ? N'est-ce pas une chose qui nous intéresse tous, au plus haut degré, que l'avenir de la société terrestre? En quittant ce monde, n'y laissons-nous pas ce que nous avons de plus cher, nos amis, nos femmes, nos enfants? Et n'avons-nous pas l'expérience de tous les dangers auxquels peuvent les exposer les aspirations tumultueuses des peuples quand l'ignorance, les préjugés, l'apathie leur font obstacle?

Sont-ce les moyens de réalisation qui manquent? Ah! Messieurs, jamais les sciences, les arts n'ont produit une telle accumulation de ressources et mis dans la main de l'homme, par l'industrie et les finances, un tel pouvoir d'en tirer parti.

Mais je ne veux pas abuser plus longtemps de vos moments. Il est temps de conclure.

La civilisation! vous l'avez vu, elle est ce que nous la faisons; et, telle que les générations passées l'ont faite, elle marche encore la tête illuminée de rêves célestes, le cœur tourmenté de soucis et les pieds dans le sang !

Vous vous rappelez, Messieurs, l'histoire du Minotaure, de ce monstre, moitié homme moitié taureau, auquel, pour conserver les douceurs de la paix, Athènes devait livrer chaque année un certain nombre de victimes humaines. Hélas! Cette vieille histoire dont on amusait notre enfance est encore vraie, et sur une bien plus large échelle qu'au temps de Thésée. Toutes les imaginations sinistres de l'antiquité pourraient renaître, si l'esprit humain était aussi inerte, si les masses affamées et sans industrie formaient encore, sous la verge de quelques privilégiés, des troupeaux d'esclaves.

Mais les temps sont changés, la société moderne sent en elle une énergie et une audace inconnues aux anciens. Et si le Dieu aveugle et sourd, auquel le christianisme n'avait pas mission de disputer le gouvernement des choses terrestres, mange encore ses enfants sur bien des points du globe, si même chez les nations avancées il impose encore au grand nombre un tribut de privations, d'avortements intellectuels, de maladies, de soucis, de catastrophes de toute nature, du moins l'humanité ne courbe plus la tête devant ce mauvais génie invisible; elle se redresse, elle le brave, elle le prend corps à corps, et tout ce qui pense, tout ce qui chante, tout ce qui écrit, tout ce qui travaille de la tête, du cœur et des bras, engage contre lui la bataille.

La guerre au destin! n'est-ce pas la grande affaire de tous et le génie même de l'époque! Non plus une révolte désordonnée, semblable à celle du dernier siècle, où la foule marchait confusément à l'en-

nemi comme une nuée de sauterelles, sans discipline,
sans plan de campagne; non, si vous embrassez du
regard les mille rouages de l'atelier national, vous
verrez que tout s'harmonise et converge vers un
même but; la guerre au destin désormais, c'est la
guerre régulière, la guerre savante.

Les forces dont la société dispose sont éprouvées,
classées; chaque corps spécial de l'armée du progrès a pris son rang de combat.

Les écrivains, les journalistes, les explorateurs,
les émigrants sont lancés en avant en éclai-
reurs.

Les géomètres, les mécaniciens, les astronomes,
les géologues, les géographes, les physiciens, les
naturalistes, les physiologistes étudient le terrain,
tracent les plans, forgent les armes et les engins
puissants que le gros de l'armée met en œuvre.

Ingénieurs, constructeurs, laboureurs, fabricants,
commerçants, ouvriers-maîtres et contre-maîtres

des divers corps d'états, banquiers, administrateurs se groupent, développent, combinent leurs masses et s'avancent en bon ordre.

Sur le flanc et comme s'ils remplissaient le rôle des tambours et des clairons, les romanciers, les poëtes, les artistes animent les combattants par leurs récits et leurs chants.

Les archéologues, les linguistes, les historiens se tiennent à l'arrière-garde pour réduire les contradictions et les résistances du passé que l'armée du progrès franchit sans s'y arrêter, certaine que ses conquêtes futures feront rentrer tout ce qu'elle laisse en arrière sous sa loi.

Voilà le spectacle magnifique que présente notre époque !

Ayons donc confiance ! Disons-nous que l'humanité a saisi le fil d'Ariane qui devait la conduire hors de ce labyrinthe plein de ténèbres et de surprises funestes, où s'étaient engagés ses premiers pas. La

lumière est venue, les bonnes chances se sont multipliées. L'émancipation de la science moderne et
l'avénement des masses à l'égalité des droits ne permettent plus les rechutes des sociétés antiques et
du moyen âge.

Ayons confiance! La démocratie française ne re-
culera pas devant la nouvelle carrière que l'état du
monde ouvre devant elle; et quand elle s'élèvera à
la hauteur morale de sa mission, elle y puisera un
tel accord dans les doctrines, une telle sagesse, une
telle générosité dans les œuvres, et une telle puissance de persuasion, que ce sera son triomphe.

LA CIVILISATION

ET

LA DÉMOCRATIE FRANÇAISE

———

SECONDE CONFÉRENCE

16 JUILLET 1865

ASSOCIATION POLYTECHNIQUE

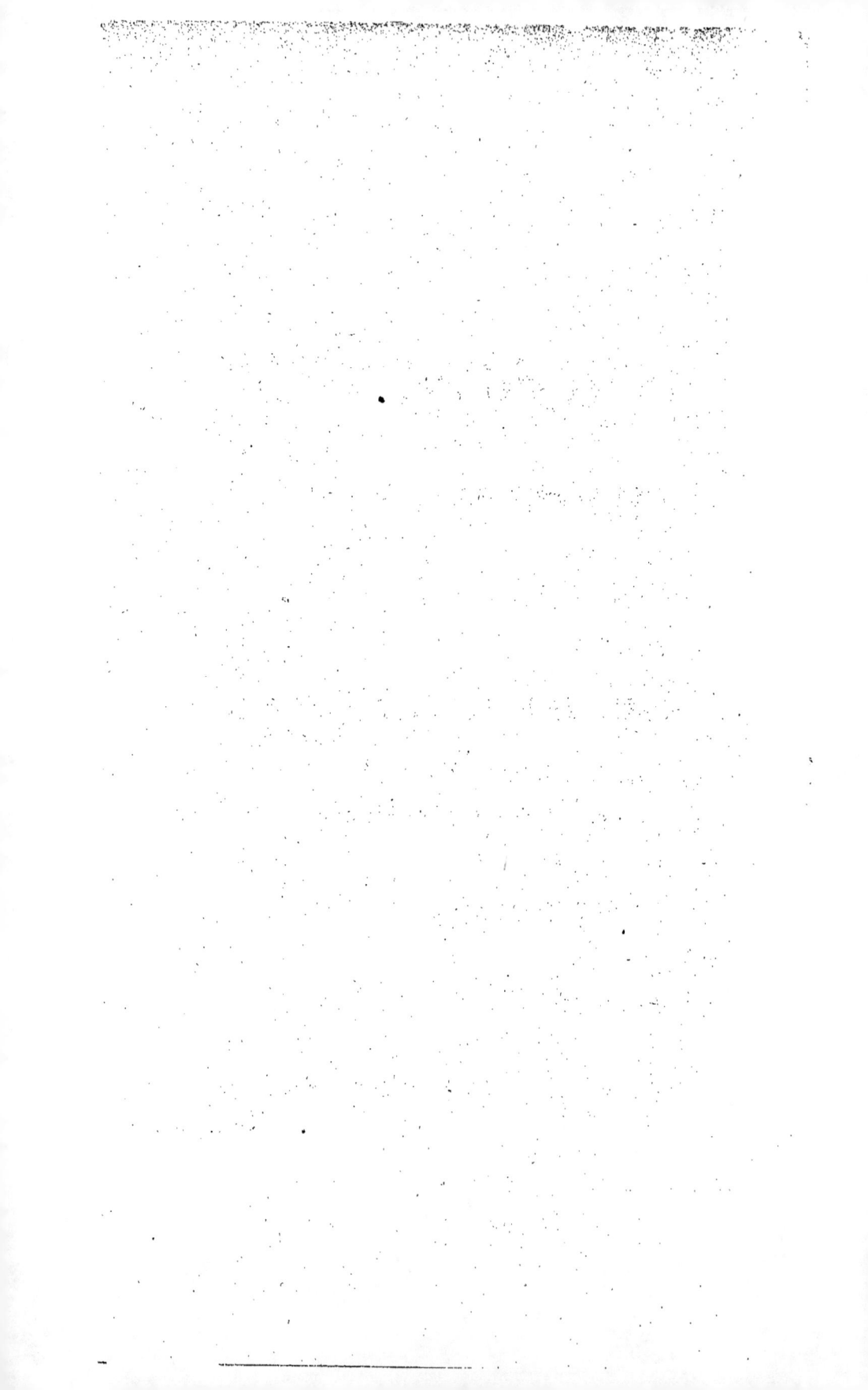

MESSIEURS,

Dimanche dernier, je vous ai dit qu'en prenant la parole devant vous, mon but était de vous soumettre quelques aperçus relatifs à l'idée que l'on se forme de la civilisation (idée que je croyais fausse), et, en même temps, de vérifier avec vous la valeur de l'idée vraie, qu'il me semblait utile de répandre dans les esprits.

D'après les termes de la lettre du Ministre, je pensais que tout ce que j'avais à vous dire devait être renfermé dans un entretien; j'ai donc été pris un peu au dépourvu quand mon excellent ami Perdonnet m'a informé et m'a prouvé, l'affiche imprimée sous les yeux, que j'avais contracté réellement l'obligation de vous entretenir deux dimanches consécutifs.

L'attention, la sympathie que j'ai trouvées au milieu de vous ne pouvaïent me faire regretter cette circonstance inattendue. Mais que vous dire? et, sans sortir du cadre que je me suis tracé, quelle nouvelle face du sujet traiter devant vous?

Messieurs, après un moment de réflexion, voici ce que j'ai décidé :

Nous voilà déjà bien d'accord sur les conditions véritables de l'enfantement et des progrès de la civilisation; nous nous sommes convaincus que ses douceurs, ses bienfaits ont pour revers des malheurs, des tortures abominables; nous avons vu, nous avons touché du doigt, nouveaux saint Thomas, les stigmates toujours saignants de l'humanité. En face de ce spectacle lamentable, Messieurs, et après avoir constaté que les progrès ultérieurs de la civilisation peuvent seuls guérir les blessures qu'elle fait, nous avons compris enfin que c'est dans notre pays, et par la démocratie, que s'opérera la régénération de la conscience publique et la vulgarisation d'une idée saine, morale de la civilisation, de nature à en accélérer la marche.

Eh bien! puisque tous ces points sont acquis, il faut passer à l'exécution, et aborder hardiment la question des voies et moyens.

Quel genre d'initiative peut-on attendre de la démocratie française, pour moraliser l'esprit public et accélérer la marche de la civilisation?

Telle est la question que j'ai résolu d'examiner aujourd'hui devant vous.

Mais peut-être allez-vous juger mon entreprise un peu ambitieuse, que dis-je? peut-être déjà soupçonnez-vous que j'arrive avec un plan dans ma poche et

que mon espoir est de vous enrôler, séance tenante,
dans quelque confrérie, dans quelque congrégation
civilisatrice. Il me sera facile de vous rassurer à cet
égard. Je ne me sens capable de rien fonder. Je
puis méditer, examiner, débattre une question sous
toutes ses faces; je puis avoir à son sujet des idées,
je le dois même, car c'est mon métier; mais, quant
aux œuvres, quant à la réalisation matérielle, c'est
l'affaire des praticiens, des hommes d'action, et je
reconnais franchement sous ce rapport, jusqu'à ce
jour du moins, mon incompétence. Ce qui va se
passer entre nous, c'est donc une simple causerie,
causerie très-sérieuse, instructive, je l'espère, car
elle aura été précédée au moins de longues méditations sur la matière qui en fait l'objet.

Messieurs, depuis plusieurs années, je l'avoue, je
réfléchis tous les jours à cette grande loi humaine et
terrestre, la civilisation, qui embrasse et illumine
d'une nouvelle lumière tous les phénomènes soumis

à nos organes et à nos facultés. Ce qui m'y oblige,
c'est que deux de mes amis, MM. Émile et Isaac
Pereire, m'ont demandé de devenir le centre et
un peu aussi le metteur en œuvre d'une Encyclopédie dont un autre ami, M. Michel Chevalier, veut
bien élaborer avec moi les programmes, et à laquelle
une foule d'écrivains éminents et de représentants
illustres des sciences et des arts prêtent leur bien-
veillant concours. Or, cette Encyclopédie, d'un caractère entièrement nouveau, ne doit pas se borner
à être le miroir de l'état des connaissances; elle
aspire à faciliter tous les progrès sociaux que l'état
des lumières et des ressources permet de réaliser.

Vous figurez-vous, Messieurs, ce que c'est que de
vivre constamment environné de mathématiciens,
d'astronomes, de géologues, de naturalistes, de chi-
mistes, de physiciens, et en même temps d'artistes,
de littérateurs, d'économistes, de publicistes, d'ingénieurs, d'administrateurs, de financiers (j'en

passe et des meilleurs), et au milieu de cette pléiade
d'intelligences d'élite, de vivre toujours préoccupé
de cette recherche : Quelle nature de services tel
art, telle science ont-ils rendus à la civilisation?
Qu'est-ce que la société leur doit? Que peuvent-ils
faire pour elle? Et qu'est-ce que la société devrait
faire pour eux? Ce dernier point n'est jamais oublié;
car, il faut bien l'avouer, Messieurs, le traitement
que la société fait à la science et aux savants laisse
quelque chose à désirer. On ne peut pas dire que
nous soyons prodigues à leur égard, et cependant
tout ce que nous sommes, tout ce que nous possédons, c'est aux découvertes désintéressées de la
science pure, en définitive, que nous le devons.
Enfin, dans ces conversations encyclopédiques, dans
ce foyer ardent de méditations, d'explications, de
débats de toute sorte, il est assurément naturel que
la civilisation me soit apparue sous un jour nouveau,
et que, rapprochant de la situation des choses les

exemples que m'offraient l'histoire, la religion, la
politique, j'aie été conduit à rechercher quel vide
reste à combler dans les éléments du progrès social,
et sur quelles œuvres devrait se porter de préférence
la haute mission échue de nos jours à la démocratie.

Cette situation toute particulière me fait espérer
que vous ne prendrez pas en mauvaise part ma témé-
rité, et que vous voudrez bien me prêter jusqu'au
bout une attention que la nature des développements
dans lesquels je dois entrer rend plus nécessaire
que jamais.

La meilleure marche à suivre, Messieurs, dans
l'étude que nous allons faire me paraît être d'exposer devant vous un certain nombre de faits, d'observations sur le caractère spécial que revêt la civilisa-
sation de nos jours, et la manière dont la société est
organisée, outillée pour en poursuivre le développement.

Les insuffisances et les lacunes que nous consta-
terons nous mettront naturellement sur la voie de la
nature d'influence et du genre d'intervention que
l'on doit attendre de la démocratie.

Messieurs, en se plaçant en face de l'organisation
intérieure et des faits et gestes de la société moderne, il n'est pas nécessaire de beaucoup d'efforts
pour reconnaître que la civilisation y laisse une em-
preinte d'une nature toute spéciale. On l'a dit depuis
longtemps, et vous-mêmes avez dû cent fois en être
frappés, le génie du siècle, c'est l'*industrialisme*.
Les intérêts matériels dominent, et les intérêts moraux sont relativement sacrifiés.

Sans doute on sent, à la surface du moins, que
tout est en progrès. La politique, l'agriculture, l'industrie, les travaux publics, les sciences, les lettres,
les beaux-arts, tout marche, tout se développe, soit
par des créations nouvelles, soit par la vulgarisation
des trésors accumulés par l'intelligence et la force

humaines. Mais ce travail universel a cependant un caractère spécial. L'industrie exerce sur tous les autres modes d'activité une séduction et une prépondérance également irrésistibles; ce sont ses merveilles, Messieurs, qui donnent surtout aux masses le sentiment du progrès. C'est elle qui dirige la politique, inspire l'opinion, absorbe les capitaux.

Les sciences physiques tiennent, comme on dit, le haut du pavé, et leurs découvertes élargissent incessamment le domaine des conquêtes matérielles.

Triomphe incomplet cependant; car il ne réussit à multiplier ni la masse des consommateurs, en proportion de la puissance de production mécanique, ni les produits du sol, en proportion de l'accroissement du nombre des consommateurs.

Cependant une partie du globe ne s'en couvre pas moins de chemins de fer et de lignes télégraphiques; dans ces contrées privilégiées on canalise

les fleuves, les forêts se cultivent, les marais dispa-
raissent, les villes s'assainissent, les navires couvrent
les mers; partout enfin la force humaine triomphe,
et la face du globe est renouvelée; mais l'homme
qui foule au pied cette bonne nature dont on prend
tant de soin, l'homme est-il l'objet d'une pareille
sollicitude? Est-il assaini, cultivé à l'égal du sol qu'il
féconde? Non, au milieu de toutes ces merveilles et
sur cette terre de promission, l'homme demeure
inculte, et souvent rachitique et dégradé.

Remarquez de suite combien cet abandon est fu-
neste au point de vue des sacrifices qu'impose la civilisation et des victimes qu'elle fait. Leur importance et
leur nombre restent aussi grands, car c'est la science
du constructeur et l'adresse de celui qui manie la
machine ou l'outil qui évitent surtout les accidents;
et une seule chose pourrait diminuer l'holocauste
annuel que le privilége de la perfectibilité nous impose, c'est le développement de l'intelligence et de

la prévoyance humaine, la culture des facultés des travailleurs, l'éclosion des talents, l'essor donné à toutes les aptitudes.

Cependant il ne faut pas être injuste ; il s'est opéré dans l'ordre moral, par la prépondérance même des intérêts matériels, un progrès manifeste. Il y a une trentaine d'années, le ministère des travaux publics était aussi mal doté que l'est aujourd'hui le ministère de l'instruction publique. La guerre et la marine absorbaient tous les crédits. Les travaux publics sont enfin parvenus à se faire une forte part sur le budget. C'est au moins d'un bon augure. On peut croire qu'avec quelques efforts, l'instruction publique, qui est encore traitée en petit garçon, finira par marcher de pair avec son frère cadet, mais plus heureux, les travaux publics.

Messieurs, votre intérêt est excité au plus haut degré par l'état d'abandon où est laissé l'enseignement populaire. Je me suis souvent demandé quelle en

était la cause, et j'ai fait à ce sujet une observation
qui explique en même temps la faveur dont jouissent
les travaux publics. Toute terre et tout capital a son
propriétaire, qui doit profiter de ses produits, et qui
est plus ou moins intelligent des moyens d'en tirer
parti. N'est-il pas naturel que cette masse d'intéressés pèse sur les gouvernements et les entraîne
dans des entreprises et des œuvres qui ont pour effet
de favoriser les intérêts matériels? Mais le capital
humain, l'enfant, quand il arrive à la vie, son intelligence, les facultés productives dont il a le germe
et qui, développées par l'éducation, deviendraient
des sources de richesse aussi fécondes que la vigne,
le pré ou le champ que possède son père, l'enfant,
Messieurs, il faut bien le dire, trouve dans sa famille
beaucoup de caresses, de soins, d'affection, mais il
n'y trouve pas un propriétaire intelligent de ses
richesses intellectuelles, de son aptitude, de ses
talents futurs, et par conséquent intéressé à les

développer et à presser les gouvernements de perfectionner, de multiplier les écoles, avec la même
insistance et la même énergie que l'on met à lui de-
mander des chemins de fer.

Puisque la nature et la famille sont en défaillance
sur ce point, il faut donc que la société intervienne.
Il le faut, dans l'intérêt du père de famille, dans
l'intérêt de la sécurité à laquelle il aspire, dans l'intérêt même du développement de cette richesse
matérielle qui lui est si chère. Car la mise en valeur
des facultés productives de tous rendra évidemment
chacun plus content de son sort. Les écoles en se
perfectionnant, en s'universalisant, multiplieront les
savants, les mécaniciens et les ingénieurs. Une impulsion plus puissante, donnée aux sciences, aux
lettres, aux beaux-arts, accroîtra en même temps
l'action de l'homme sur la nature. Et les travaux
agricoles et industriels, les travaux publics, les
entreprises coloniales se développeront en proportion

des ressources morales et intellectuelles des populations.

Il y a donc lacune dans les œuvres mêmes de la civilisation, et cette lacune, il faut absolument la faire disparaître. L'industrialisme seul ne doit pas être le caractère du siècle. Toutes les forces productives doivent être également développées, celles des populations aussi bien que celles du territoire. Les écoles ont droit d'être traitées aussi largement que les chemins de fer si l'on veut réduire le nombre d'infortunes, d'angoisses, de catastrophes qu'entraîne forcément, dans l'état actuel des choses, la production des bienfaits de la vie civilisée.

Voilà, Messieurs, le premier fait sur lequel je voulais attirer votre attention.

La seconde observation qui m'a frappé et qui vous frappera aussi, je le pense, c'est que les rouages mêmes de la civilisation sont incomplets. La manière dont la société est organisée pour son perfectionnement offre en effet une lacune qu'il est indispensable de remplir.

Messieurs, quelles sont, dans un pays comme la France, les institutions, les forces organisées pour étudier et mener à bonne fin les œuvres de toute nature intéressant le progrès social?

Elles peuvent toutes se classer dans les catégories suivantes :

1° L'industrie privée;

2° L'industrie publique, les grandes compagnies;

3° L'État;

4° Les divers clergés;

5° Les assemblées politiques;

6° Les corporations ayant un but scientifique, littéraire, artistique ou social;

7° Enfin les journaux.

Ce sont, pour la plupart, des instruments puissants de progrès. Mais il suffit d'en observer le mé-

cànisme pour se convaincre que leur action, renfer-
mée dans des limites qu'elle ne peut franchir, laisse
en dehors d'eux un grand vide.

D'abord, le domaine de l'*industrie privée*, en
matière de progrès social, est nécessairement borné
aux opérations desquelles doit résulter un profit pour
l'entrepreneur et le capitaliste.

L'*industrie publique* utilise des concessions de
l'État sans valeur intrinsèque. Elle opère à longs
termes. Toutefois ses opérations doivent-elles, à un
moment donné, être productives d'un bénéfice.

L'industrie publique ne complète donc que l'action mercantile de l'industrie privée ; elle ne favo-
rise, comme elle, qu'indirectement le progrès
moral, social, des populations.

L'*État* et les divers *clergés* disposent de ressources
qu'ils appliquent à des opérations d'utilité générale, et ils sont dégagés de toute obligation de servir
un intérêt ou des dividendes aux fonds dont ils dis-

posent. Mais leur action ne peut encore s'exercer que dans le domaine qui leur est propre.

Les *clergés* ne connaissent de la terre que ses souffrances et ses misères, qu'ils soulagent par l'aumône et l'espérance d'un monde meilleur.

L'*État* gouverne les intérêts de la société terrestre, mais en praticien qui doit suivre et non précéder l'opinion, et qui est obligé de tout subordonner à son propre salut. Il n'est pas organisé, d'ailleurs, scientifiquement, et ne peut rien risquer sur la foi des théories. Il ne saurait donc prendre qu'avec la plus grande réserve l'initiative de dépenses ayant pour objet, non d'appliquer, de réaliser un progrès éprouvé et déjà populaire, mais de le découvrir, de l'étudier, d'en propager l'intelligence et d'en rendre la réalisation possible.

L'action des *assemblées politiques* est plus restreinte encore. Quant aux *corporations scientifiques*, aux *associations libres*, l'intérêt général n'est pas le but qu'elles poursuivent. Dans l'horizon limité qu'elles embrassent, elles manquent même des ressources nécessaires pour donner à leurs recherches la portée qu'elles ambitionnent.

De toutes les grandes forces qui travaillent au progrès social, la *presse* est celle qui s'occupe le plus de l'avenir. Il n'est que juste de reconnaître qu'elle remplit avec zèle le rôle d'information, de contrôle, de propagande, que la faveur du public lui attribue. Toutefois, l'action de la presse n'est puissante sur l'esprit public que parce qu'elle en suit toutes les fluctuations : miroir des événements et mêlée au conflit quotidien des opinions, elle ne peut prendre qu'une part modeste à l'élaboration des grands intérêts dont l'étude n'offre pas matière à des applications immédiates. Enfin elle n'est organisée ni scientifiquement, ni financièrement, pour provoquer et commencer au besoin la réalisation des idées de progrès qu'elle émet.

Tels sont, Messieurs, les institutions, les forces organisées, tous les rouages enfin qui coopèrent aujourd'hui au progrès social.

Ne vous semble-t-il pas qu'en face de l'idée de la civilisation telle qu'elle nous est apparue, en face surtout des conditions douloureuses de son enfantement, de tous les sacrifices qu'elle impose, des victimes qu'elle fait, ces institutions, ces forces organisées, religieuses, politiques et civiles, ne répondent pas à tous les besoins que font naître à la fois la disposition des esprits et l'état du monde?

Croyez-vous, par exemple, que s'il existait, à côté des cinq académies, un INSTITUT DE PROGRÈS SOCIAL, et si ce nouvel établissement réunissait nos supériorités scientifiques, littéraires, industrielles et financières, dans le but d'éclairer, de guider le gouvernement et le public, de former une véritable opinion nationale et civilisatrice, et de faire enfin qu'il n'eût plus désormais d'autres limites aux amélio-

7

rations populaires que celles des ressources dont la
société dispose, croyez-vous, dis-je, que cette création ne serait pas accueillie comme un immense
bienfait?

Moi, j'incline beaucoup à penser qu'elle répondrait à une préoccupation confuse peut-être, mais
universellement sentie, et que sa première séance
serait saluée par d'unanimes acclamations.

Messieurs, je ne voudrais pas prolonger par trop
cet entretien; il est utile cependant d'insister par
quelques exemples sur l'importance des services
que, dans l'ordre d'idées qui nous occupe, un pareil
établissement pourrait rendre au pays.

Son intervention dans le domaine de la science
pure répondrait d'abord à un besoin depuis longtemps senti par les esprits supérieurs.

Le gouvernement et quelques sociétés spéciales
encouragent, dans une certaine mesure, les travaux
scientifiques; mais les points sur lesquels portent

les encouragements sont bornés, et le montant des allocations est bien au-dessous de ce qu'il devrait être. Jamais la science n'a été mise en mesure d'établir elle-même son budget, en prenant pour base les progrès accomplis dans toutes les directions et les travaux reconnus indispensables pour la prompte solution des problèmes poursuivis.

Combien de recherches, d'expériences, sont négligées ou suspendues faute d'instruments ! Combien de traductions du plus haut intérêt, et même de publications originales, languissent ou ne sont pas entreprises faute d'auxiliaires que les maîtres puissent associer à leurs travaux ! Ces auxiliaires ne manquent pas ; une vocation irrésistible attire journellement dans la carrière ingrate de l'érudition et de la spéculation scientifique une foule de jeunes intelligences, dont la collaboration permettrait d'accomplir les œuvres les plus utiles.

Publications, expériences, concours, missions

scientifiques et explorations, créations de cabinets et de laboratoires, dons et prêts d'instruments ou de modèles, allocations, contributions personnelles, tous les moyens de faciliter et de multiplier les découvertes seraient pratiqués.

Indépendant de toute tradition rétrograde, et n'ayant à compter avec aucune influence étrangère aux intérêts de la société terrestre, la sollicitude du nouvel institut embrasserait toutes les investigations de nature à jeter des lumières sur le passé, le présent et l'avenir de l'espèce humaine, sur les races qui la composent, sur la constitution du globe, ses lois véritables, et toutes les heureuses transformations qu'elles permettent d'opérer dans la nature et dans les sociétés.

En matière d'application, l'INSTITUT DE PROGRÈS SOCIAL interviendrait de préférence sur les points forcément négligés par les intérêts mercantiles. Il faciliterait une foule d'entreprises dont tout le monde sent la nécessité, et dont personne n'est aujourd'hui en mesure de poursuivre les études préparatoires et de solder les premiers frais.

Le temps me presse. Je n'entrerai pas dans le détail de tous ces services; mais je ne puis passer sous silence ceux qui ont trait à la lacune que nous venons de signaler et qui auraient pour effet de développer les ressources morales, intellectuelles de la civilisation, à l'égal de ses ressources matérielles.

Le développement de ce capital humain, dont je vous entretenais tout à l'heure, Messieurs, exige l'établissement en France d'un système complet d'éducation et de crédit professionnel.

Il est certain que tout individu porte en lui le germe d'une aptitude spéciale; que cette aptitude, étant développée, constitue une force productive d'une valeur supérieure aux dépenses que l'éducation a coûtées, et que toute profession exercée avec habileté offre la garantie d'un crédit proportionnel aux besoins qu'elle crée. La société a donc intérêt à développer les aptitudes dans toutes les classes de la population, et à provoquer l'établissement d'écoles et de banques nouvelles, si les anciennes ne suffisent pas, pour distribuer les connaissances et le crédit professionnel aux travailleurs de tous les corps d'état.

Mais si l'on songe à l'application de ces principes économiques si simples, si évidents, que de difficultés vont surgir! Sur quelles bases instituer une éducation générale professionnelle de nature à donner toute garantie aux établissements financiers? A quelle source puiser les fonds nécessaires pour cette double création? Quels programmes d'enseignement adopter? Comment seront constatées les aptitudes?

Il y a là des problèmes complexes dont l'atelier national, plus que les traditions universitaires, doit donner la solution. L'administration, en pareille ma-

tière, verrait avec reconnaissance l'élite des savants
et des industriels, réunis au nom du progrès social,
lui apporter le concours de leur expérience.

Enfin, Messieurs, on a cherché à fonder des établissements d'éducation internationale pour répandre
et populariser en Europe les idées de paix. Ces
efforts, qu'encouragent les expositions universelles
de l'industrie, les congrès scientifiques, les traités
de commerce et l'action de la presse, n'auraient-ils
pas plus de chances de succès, s'ils s'appuyaient sur
un centre, puissant par ses ressources comme par ses
lumières, et pouvant prendre l'initiative de créations
que des tentatives isolées ne réussissent pas toujours
à réaliser?

Mais il est un problème plus ardu, plus douloureux, dont l'enseignement doit donner la solution :
je fais allusion à la difficulté qu'un si grand nombre
de femmes, de jeunes filles, aussi distinguées par
le caractère, les vertus, que par l'instruction, ont à

gagner leur vie. L'insuffisance des salaires quand
elles sont employées, et la difficulté de plus en
plus grande pour elles de trouver de l'emploi, est
la source d'un genre de martyre caché, dont celle-là
seule qui le subit en silence pourrait dire toute
l'amertume.

Et quelle perte de forces productives que cet
abandon de facultés si délicates, si précieuses, surtout quand elles sont dirigées vers l'éducation du
jeune âge!

Messieurs, les Américains l'ont bien compris. Au
milieu même des sacrifices et des troubles de la
guerre civile, les États du Nord, reconnaissant que
la nature a doué la femme d'une aptitude spéciale
pour l'éducation des enfants, ont entrepris de renou-
veler tout le personnel de leurs écoles primaires.
Pour nous, la chose est à peine croyable; mais une
inspectrice d'écoles américaines en mission sur le
continent a affirmé à M. Laboulaye, de l'Institut, qui

me l'a répété, qu'à l'heure qu'il est, le plus grand nombre des écoles primaires des États du Nord sont dirigées par des femmes, et qu'au moment du rétablissement de la paix, plus de deux mille jeunes filles se préparaient à New-York à envahir le Sud, et à y propager l'union des races nègre et blanche par l'ouverture d'écoles mixtes.

Ah! Messieurs, combien de femmes sans emploi trouveraient en France à utiliser leurs facultés dans des écoles populaires, si les écoles, par leur nombre et leur programme, répondaient aux besoins et à l'esprit de l'époque! Et quel immense progrès dans les mœurs en résulterait! C'est par les qualités du cœur que la femme fait toutes ses conquêtes morales dans la société et dans la famille. L'influence de l'intervention des femmes dans l'éducation du premier âge s'étendrait à toute la vie des jeunes élèves, et les disposerait à la pratique de l'égalité des deux sexes.

L'autorité d'un INSTITUT DE PROGRÈS SOCIAL pour introduire dans l'esprit public et les mœurs une pareille réforme ne saurait être contestée.

Enfin, Messieurs, il est une voie dans laquelle la civilisation est à l'état rudimentaire, où les gouvernements, les clergés, le commerce, sont également impuissants, et où des efforts éclairés et soutenus de la part d'un établissement de la nature de celui qui nous occupe pourraient produire de grands résultats : je veux parler de l'application des races intertropicales à l'exploitation et à la culture des terres situées sous les mêmes latitudes.

Le mouvement, je le sais, est commencé. Des lois, des traités sont intervenus; mais les difficultés sont loin d'être aplanies : elles se multiplient au contraire. Et pourquoi? C'est que la question n'a jamais été étudiée scientifiquement. Aucun corps n'est constitué pour entretenir sur les lieux des commissions composées de savants et de praticiens

spéciaux, capables de découvrir les points par lesquels les civilisations élémentaires pourraient se
rattacher à la nôtre, les précautions à prendre, les
moyens à employer pour faire respecter la religion,
les coutumes, les susceptibilités mêmes de peuples
qui nous égalent sur bien des points, comme les
Japonais, ou pour faire successivement franchir aux
races dans l'enfance les degrés qui les séparent de
notre état social, et entretenir entre elles et les nations les plus avancées des rapports également pro-
fitables à toutes deux.

Nous apportons, Messieurs, dans ces rapports
délicats une insouciance, une légèreté dont les conséquences sont incalculables. Les querelles que nous
provoquons aux extrémités du monde et les retards
qu'elles apportent à la civilisation de ces contrées
contribuent à perpétuer le retour des plus terribles
fléaux dont l'Europe ait été visitée. .

Les choléras, les pestes, les typhus, les fièvres

jaunes, toutes les épidémies, tiennent à des conditions que pourraient combattre, dans une certaine
mesure, l'hygiène, les grands travaux publics, les
défrichements, et surtout l'application à la culture,
sous les diverses zones, des races constituées phy-
siologiquement pour supporter les influences de
l'atmosphère et du sol. L'extrême Orient et les contrées intertropicales renferment de nouveaux éléments propres à l'alimentation, aux vêtements, aux
constructions. Mais pour déterminer leurs habitants
à les recueillir, à les multiplier, ou à nous les livrer,
il faudrait, au lieu de troubler violemment leurs
mœurs, leurs coutumes, leurs croyances, il faudrait,
dis-je, créer chez eux de nouveaux besoins qu'une
propagande civilisatrice peut seule faire naître. Et
s'il était prouvé que cette propagande ne peut être
faite que par les indigènes, que ce sera l'œuvre
d'écoles spéciales, instruisant des nègres, des Chi-
nois, des Indous, des Malais, des Annamites, des

Malgaches, et les préparant à cette mission, quel corps, quelle institution serait constituée aujourd'hui pour provoquer la création de ces écoles?

Que de services cependant elles pourraient rendre ! Qui ne comprend à première vue qu'un collége institué pour donner à des enfants appartenant aux races exotiques les connaissances spéciales de nature à en faire de bons explorateurs, de vrais missionnaires de la civilisation, obtiendrait, pour le développement de nos destinées terrestres, des résultats aussi précieux au moins, dans l'intérèt du progrès social, que ceux obtenus, dans l'intérêt des âmes, par l'établissement des missions étrangères?

Mais je n'irai pas plus loin, et je vous demanderai seulement, Messieurs, si, en face de ces études, de ces rapports internationaux, de ces missions, de ces encouragements de toute sorte, de ces créations indispensables pour mettre la pratique de la civilisation en harmonie avec l'idée que les générations s'en forment, et dont ni l'industrie privée, ni l'industrie publique, ni l'État, ni les clergés, ni les assemblées politiques, ni les journaux, ne sont en mesure de prendre l'initiative, je vous demanderai, dis-je, si vous pouvez douter un moment qu'un institut spécial au progrès social, et composé des supériorités scientifiques, industrielles et financières, n'eût devant lui une carrière féconde et brillante?

Pour moi, je n'hésite pas à le croire.

Cette association de l'élite de la société pour en accélérer le perfectionnement m'apparaît comme le complément utile des institutions existantes. Elle pourrait propager par l'éloquence et les arts l'intelligence et l'amour de la civilisation, en même temps qu'elle en hâterait la marche par des œuvres positives. Elle serait à la fois l'âme et la bourse de tous les progrès qui ne peuvent pas être le produit de combinaisons intéressées. Ce serait la richesse mise

à la disposition de l'intelligence et des dévouements
dépourvus de fortune, et un budget volontaire con-
sacré aux intérêts moraux et généraux de la civilisation.

Mais je m'aperçois, Messieurs, que j'ouvre une
caisse, que je distribue des trésors, et je n'ai pas
encore dit quelle en serait la source.

Vous l'avez entrevu du reste, et nous allons nous
y arrêter, car ce point forme précisément la matière
de la troisième et dernière observation que j'ai à
vous soumettre.

Le dernier fait que j'ai à exposer devant vous est
triste, il n'est pas flatteur, du moins, pour notre
amour-propre national; mais il est essentiel de le
bien connaître, car il complète le tableau des lacunes à combler, pour que les perfectionnements
sociaux s'accomplissent avec une rapidité en harmonie avec la grandeur des besoins et des aspirations.

La civilisation, Messieurs, manque de l'élément
de vie et de progrès qui a été le nerf le plus précieux
de toutes les grandes évolutions du passé. La libéralité publique lui fait défaut.

Ah! je suis loin d'accuser la générosité du siècle.
Elle se manifeste de mille autres façons. Les œuvres
de la bienfaisance, de l'assistance professionnelle,
les libéralités dans la famille ou entre amis, sont
plus répandues, plus nombreuses qu'elles ne l'ont
jamais été. Mais le prochain, le compagnon d'atelier, le parent, l'ami, est une chose, et la société
en est une autre.

A toutes les époques de renouvellement et d'as-
cension des sociétés humaines, des fondations d'une
nature générale, publique, ont témoigné avec éclat
que les satisfactions personnelles, même les plus
généreuses, ne sont pas les seules que puisse donner
la richesse.

A l'origine du christianisme, les héritiers des

vieilles familles sénatoriales, les Émilie, les Fla-
vie, les filles des Scipions, consacrèrent des for-
tunes princières à la propagande et à la réalisation
de la foi qui allait préparer l'émancipation définitive
de l'esclave et de la femme.

Après la chute de l'Empire, quand les Barbares,
sortis de leurs forêts, prirent possession des riches
provinces des Gaules, de l'Espagne et de l'Italie, on
vit des couvents, des cathédrales sortir de terre, et
le domaine de l'Église s'accroître rapidement par les
dons des rois, des empereurs et des seigneurs châ-
telains.

Plus tard, l'établissement des communes, la dé-
couverte de l'Amérique, les progrès de l'industrie et
du commerce ouvrirent une nouvelle voie aux libéralités. On fonda surtout des établissements civils,
hospices, hôtels de ville, universités, académies,
musées. Les grandes positions conquises dans toutes
les carrières tinrent à honneur de réserver, dans

8

leur fortune, une part en faveur de la ville natale ou de la profession parcourue.

La source de ces dévouements, de ces dispositions généreuses, est-elle tarie?

Elle ne l'est pas en Angleterre du moins.

C'est par centaines de millions que les cotisations privées encouragent chez nos voisins les explorations des voyageurs, les recherches des érudits, la diffusion des connaissances utiles au sein des classes nombreuses, et, sur tous les points du globe, l'abolition de l'esclavage, et la propagande biblique et évangélique.

Nous sommes, sous ce rapport, bien en arrière des Anglais. La générosité publique n'a été exploitée jusqu'à ce jour en France que par le clergé. Tandis qu'il reconstitue ses grandes richesses mobilières et territoriales plus rapidement qu'il ne les avait conquises, nous nous reposons sur le gouvernement pour tous les sacrifices à faire en faveur de la civilisation.

La générosité britannique ne se borne pas à féconder les éléments du progrès national, elle se fait sentir sur tous les points du globe et y entretient la plus haute idée du génie et de la puissance de la nation.

L'initiative de la société française à l'intérieur et à l'extérieur est à peu près nulle.

Cette infériorité, source de fausses interprétations au dehors et d'insécurité au dedans, n'a pourtant pour excuse aucun vice de nature.

La France n'a pas cessé d'être le foyer de tous les sentiments généreux. Pour qu'elle passât de la théorie aux actes, que manque-t-il? Une forte impulsion, un exemple éclatant venant de quelques cœurs d'élite. Les masses suivraient avec enthousiasme, et l'on verrait bientôt la passion du progrès social réussir, aussi bien que la poursuite du salut éternel, à provoquer de nombreuses libéralités.

Il semble qu'il soit de l'honneur des hommes qui

constituent dans la science, la presse, les finances, les travaux publics, comme l'état-major de la société moderne, de prendre cette initiative.

Tout ce que nous avons entrepris à la suite des Anglais, nous l'avons fait mieux qu'eux : au lieu de laisser se disperser dans une foule de directions, sans ordre et sans contrôle, le produit des libéralités, il nous appartiendrait de les réunir dans un centre d'action offrant toutes les garanties morales, scientifiques, industrielles, et le produit des cotisations et des legs recevrait l'emploi le plus utile.

L'état du monde nous fait plus profondément sentir combien sont nécessaires, urgentes, les œuvres qu'une association, formée dans cette vue humanitaire, pourrait entreprendre.

Naguère, le sang coulait à flots des deux côtés de l'Atlantique. A tout instant des crises politiques ou commerciales menacent de bouleverser les conditions du travail et du crédit. Jamais on n'a mieux compris

l'impuissance des institutions politiques et religieuses de l'Europe à satisfaire le besoin de paix, de
liberté, d'association qui l'anime. L'action des nations avancées sur le reste du monde ne répond ni
aux conquêtes de la philosophie et de la révolution,
ni aux découvertes scientifiques, ni à la masse de
richesses accumulées.

Chaque jour multiplie les rapports des grandes
puissances maritimes avec les races dans l'enfance
et les empires déchus de l'extrême Orient. S'entendre pour arrêter et exécuter en commun un plan
régulier d'exploitation du globe et de civilisation du
genre humain, serait dans l'intérêt de tous.

Mais qui peut avoir autorité pour provoquer et
préparer une pareille résolution? La politique ne
connaît que la force, le commerce que l'intérêt des
échanges, les divers clergés que la propagation d'une
doctrine de charité envers le prochain et de salut
personnel hors de ce monde. Si la double passion

que l'homme porte dans son cœur pour l'humanité
et pour la nature, passion si puissante sur l'esprit
de nos pères, devait rester sans influence sur la disposition des capitaux, si l'on devait désespérer que
la générosité publique mît jamais le vrai savoir et la
vertu en mesure d'intervenir dans le gouvernement
des affaires terrestres, évidemment le développement prétendu de la civilisation ne serait, d'ici à
longtemps, sur les trois quarts du globe, qu'un chaos
sanglant.

La foi dans le progrès sommeille et n'enfante ni
pensées enthousiastes, ni dévouements, ni grande
résolution, parce que les âmes éloquentes, les
poëtes, les natures d'artistes, n'ont dans la société
de nos jours aucune carrière où puissent se développer et s'employer utilement les talents dont ils sont
doués, et le charme, la puissance d'entraînement
qu'ils pourraient exercer.

La science elle-même est sans pouvoir, parce que

ses recherches sont insuffisamment dotées; elle manque de moyens financiers pour étudier les problèmes moraux, historiques, géographiques, économiques, physiologiques et ethnographiques que soulèvent la connaissance imparfaite que nous avons de notre passé, et l'état présent du globe, aussi bien que les rapports de races si diverses par le sang, les mœurs et les milieux où elles se sont formées.

Ce grand vide montre l'immensité de l'œuvre que l'initiative spontanée de la libéralité publique pourrait entreprendre sans empiéter sur le domaine d'aucune des institutions existantes, et en se bornant, au contraire, à compléter leur action.

Messieurs, tels sont les trois faits essentiels que je voulais exposer sous vos yeux. Ils se résument ainsi : il y a un vide à remplir dans les œuvres mêmes de la civilisation; il y a un nouveau rouage du progrès à créer; enfin il faut appliquer au perfectionnement de la société terrestre tout un ordre de ressources qui jusqu'à ce jour lui a fait défaut.

Et ce sont toutes ces choses, toutes ces créations, que doit accomplir la démocratie! Ah ! Messieurs, n'êtes - vous pas effrayés de la grandeur de sa tâche? n'êtes-vous pas tentés de vous dire : Mais la démocratie est-elle préparée pour une pareille œuvre? possède-t-elle les ressources, les qualités nécessaires pour la mener à bonne fin? car cette œuvre nécessite à la fois savoir, discipline, opulence : est-ce que la démocratie possède tout cela?

Me voici arrivé, je le sens, à l'endroit le plus difficile, le plus hasardeux de cet exposé.

La démocratie, en effet, n'est, pour beaucoup de personnes, qu'une masse informe, besogneuse, turbulente, livrée à des instincts aveugles, impatiente de tout frein et surtout peu adonnée aux contemplations paisibles de la science; et vous lui demandez d'agir en richard et presque en académicien! Hélas! oui, c'est là l'opinion que, dans un

certain monde, on se forme de la démocratie. Mais,
Messieurs, de même que nous avons reconnu que
les idées les plus répandues sur la civilisation étaient
fausses, que l'on se méprenait sur les conditions de
son développement, je crois que je n'aurai pas de
peine à vous convaincre que l'on se méprend aussi
à l'égard de la démocratie, et qu'elle n'est pas
mieux connue.

Je ne scandaliserai personne d'entre vous, je l'espère, mais peut-être causerai-je à plusieurs, dans
le premier moment, quelque surprise en disant que,
bien loin de mériter la réputation qu'on lui fait, la
démocratie est riche, non pas seulement en bonne
volonté, en dévouement, en héroïsme, mais riche en
argent comptant; qu'elle est savante, positivement
savante, qu'elle sait le grec, les mathématiques et le
reste; qu'elle est parfaitement disciplinable, qu'elle
a au plus haut degré le sentiment de la hiérarchie,
et enfin, sans que cela l'oblige de faire figure à la

cour, qu'elle y a des intelligences et qu'elle fait sentir son pouvoir dans tous les rangs de la société.

Cela semble un paradoxe. Vous allez voir que c'est tout simplement la vérité.

Messieurs, vous avez vu que le mot *civilisation*, qui n'a que cent ans d'âge, a cependant signifié beaucoup de choses, et que c'est le sentiment public qui lui a donné, de nos jours, son acception définitive. Le mot *démocratie* est de beaucoup plus vieux; il date de deux mille ans! Il n'y a donc rien de surprenant à ce que le sens qu'on lui a attribué dès l'origine ait plus varié.encore, que ses vicissitudes, ses métamorphoses, aient été plus nombreuses.

Au temps d'Aristote, la démocratie signifiait le contraire de l'aristocratie; c'était la classe des possesseurs d'esclaves, nouvellement enrichis, qui voulaient arracher le pouvoir aux mains des vieilles familles, en possession de leurs esclaves depuis plus longtemps.

Mais, qui se préoccupe aujourd'hui d'arracher le pouvoir aux mains des vieilles familles? Déjà les démocrates des républiques italiennes et flamandes ne possédaient plus d'esclaves ; mais ils formaient encore, à l'égard des masses, une classe de privilégiés. Or, la première pensée que fait venir maintenant à l'esprit le mot démocratie, c'est l'absence de priviléges.

Néanmoins, ce trait caractéristique n'explique pas tout. Où commence la démocratie? Où finit-elle? On a divisé la nation en nobles, bourgeois et ouvriers. La démocratie se confond-elle avec une de ces catégories? Forme-t-elle au contraire une quatrième classe, distincte des trois premières? Ou bien, la démocratie, est-ce tout simplement le peuple? Mais le peuple lui-même, qu'est-ce qui le distingue? Qui est du peuple? et qui n'en est pas?

Messieurs, pour éclaircir tous ces points, il faut procéder comme nous l'avons fait à l'égard de la civilisation. Ce n'est pas dans les livres que se fera la lumière. Non, le sens sérieux, pratique, utile du mot, c'est dans l'usage que chacun en fait, c'est dans le cœur et les aspirations des masses que nous le trouverons.

J'arrête au hasard, dans la foule, un démocrate avéré, indiscutable; il pense et agit en démocrate, il croit l'être, il en prend la qualité.

Eh bien! je lui adresse cette question : « Est-ce que Jacques Laffitte était démocrate? » Il me répond oui! sans hésiter. « Quoi! lui dis-je, malgré ses millions? — Oui, malgré ses millions, ou plutôt à cause de ses millions, car il en faisait un usage favorable aux intérêts de la démocratie.

— Et Béranger, Arago, Ampère, étaient-ils démocrates? » Il me répond encore oui! sans hésiter. « Comment, malgré leur science, leur génie? — A cause de leur science et de leur génie, me répond-il, car ils en usaient au profit de la démocratie. »

Messieurs, il ne m'en faut pas davantage. Ce simple jugement, c'est pour moi un trait de lumière, et je comprends maintenant ce que c'est que la démocratie.

Elle ne forme pas une classe à part; elle se recrute dans toutes les classes. Elle se compose de ceux qui pour leur propre compte ou pour le compte des autres, portent le plus lourd fardeau des soucis et des labeurs de ce monde, et qui le sentent; car sentir sa peine est une condition essentielle. Il y a malheureusement dans le peuple des individus assez abandonnés pour ne pas souffrir de l'état d'ignorance et de dégradation physique et morale où leur vie s'écoule. Il n'y en a plus beaucoup! mais enfin, on en rencontre encore. Ceux-là ne comptent pas dans la démocratie; ils ne pensent pas comme elle, ils ne marchent pas avec elle!

Et il existe, par contre, dans les plus hautes régions de la science, des affaires et de la politique, oui, même à l'Institut, même dans les hôtels, sur le trône même, il y a des hommes qui dans les moments suprêmes, pensent et agissent en vrais démocrates.

Qu'est-ce donc, Messieurs, que la démocratie? Ah! sans doute, c'est encore de nos jours, comme au temps des cités grecques, la partie active, inquiète, remuante de la nation, et c'est très probablement pour cela que le mot est resté; mais cette masse n'est plus anarchique. Elle sait se contenir. Elle est ordonnée, elle reconnaît la supériorité du mérite, du talent, du génie; elle se découvre devant la vertu! Les vrais démocrates, Messieurs, ce sont sans doute les intelligents, les lettrés sans fortune, ou dont la carrière est insuffisamment rétribuée; c'est aussi la plus grande partie de la classe ouvrière, ce sont les paysans qui, à force de sueurs et de privations, reculent lentement la borne de leur vigne ou de leur champ; ce sont les déclassés, les employés secondaires, le plus grand nombre de médecins, d'avocats, d'artistes, de gens de lettres, de professeurs, d'ecclésiastiques, d'artisans, de traficants, courant après la gloire, la fonction ou la fortune; mais ce sont en même temps, Messieurs, les parvenus, dont l'ambition est satisfaite, et qui ont le cœur bien placé, qui veulent mettre en possession des avantages dont ils jouissent ceux qui en sont encore privés, et qui y travaillent. Oui, il y en a, croyez-le, j'en ai vu, qui travaillent à l'amélioration du sort de tous, avec plus d'ardeur, plus de constance, plus d'énergie que s'il s'agissait de leurs intérêts de famille ou de leur propre fortune.

Voilà, Messieurs, la démocratie!

J'avais donc raison de vous dire que la démocratie est riche, qu'elle est savante et susceptible de discipline; qu'elle possède enfin toutes les ressources nécessaires pour parcourir jusqu'au bout la magnifique carrière qu'elle a devant elle.

Donc, si les œuvres à accomplir sont considé-
rables, la démocratie n'est, sous aucun rapport, au-
dessous de cette tâche, et elle peut suffire à toutes
les nécessités.

Mais, Messieurs, les plus grandes choses de ce
monde, ne l'oublions pas, ont eu des commencements
modestes. Eh bien! quand les plus dévoués, les plus
actifs, les plus prévoyants jugeront que le moment
est venu de se mettre à l'œuvre, dans cet instant
solennel, décisif, s'ils m'admettaient à l'honneur
d'exprimer un avis, je leur donnerais le conseil, au
début, de se borner.

Messieurs, réfléchissez à ceci. On peut facilement,
avec une simple cotisation de dix centimes par se-
maine, réunir 2 ou 300,000 francs par an; et, avec
cette somme, on peut, en prenant pour texte *les sacrifices que la civilisation impose et les victimes qu'elle
fait*, remplir la France entière d'une propagande
orale et écrite en faveur du progrès social.

Eh bien! pour le moment, je serais très-satisfait, je l'avoue, si je voyais la démocratie inaugurer de cette manière l'intervention que j'attends d'elle.

Messieurs, je prévois ce que vous vous dites au fond du cœur.

Vous pensez, évidemment, que je ne suis pas difficile.

Vous comprenez, en effet, que les sacrifices que la civilisation impose et les victimes qu'elle fait, c'est un cadre immense, une source intarissable de commentaires, de récits, de tableaux, de discussions, un sujet d'un intérêt toujours renaissant, et qui suffirait à occuper pendant des années entières la verve des écrivains et des orateurs; et vous comprenez aussi, sans qu'il soit besoin d'aucune explication, que si l'opinion était sans cesse tenue en éveil sur ce fait capital, émouvant et sans réplique : *les sacrifices que la civilisation impose et les victimes qu'elle fait*, vous comprenez, dis-je, que, né-

9

cessairement, fatalement, toutes les fondations, toutes les œuvres civilisatrices dont j'ai énuméré les principales, suivraient leur cours, sans effort, et par le seul effet du sentiment nouveau qui animerait les populations.

Mais, vous voyez à l'instant toutes les difficultés que cette modeste entreprise va soulever :

Des cotisations! et pour une propagande orale et écrite!

Jamais, pensez-vous, le gouvernement n'autorisera une pareille association.

Messieurs, je suis arrivé à un âge où l'on a quelque expérience de la vie, et je ne me dissimule pas combien il faudrait de bonne foi, de loyauté, pour faire comprendre au gouvernement qu'il a intérêt, non pas seulement à laisser vivre et se développer une association de ce genre, mais à lui aplanir les difficultés, à lui accorder ouvertement la protection des lois.

Cependant réfléchissez au véritable caractère de l'association!

Elle n'entreprendrait qu'une chose : la propagande d'un sentiment qui assurément ne blesse ni les intérêts de la politique ni les intérêts de la religion. Ce sentiment est celui de la pitié, de la compassion pour toutes les infortunes qu'entraîne nécessairement, fatalement, la production de tous les biens de la vie, dans les conditions actuelles de la science et de ses applications. Le but, en lui-même, ne saurait inquiéter le pouvoir.

C'est l'exécution, c'est la mise en œuvre qui est le point délicat! La civilisation touche à tout, elle embrasse tout. Il ne saurait être question de borner son domaine, de lui interdire telle ou telle matière. Ce n'est pas dans la nature des sujets, c'est dans la manière dont ils seront traités, que repose la véritable garantie du gouvernement.

Mais le gouvernement n'est-il pas suffisamment armé sous ce rapport?

Quand il autorise des lectures et entretiens publics, il se réserve de confirmer le choix des orateurs. Nul ne prend la parole qu'avec l'agrément de l'autorité compétente, et sur l'indication du sujet qu'il doit traiter.

Le pouvoir aurait donc cette double garantie : d'une part, le sentiment qui ferait l'âme des communications publiques serait par lui-même étranger à tout intérêt et à toute pensée d'agression politique ou religieuse; de l'autre, l'autorité, devant confirmer le choix des orateurs, n'admettrait que ceux qui posséderaient l'esprit de réserve, le tact, la délicatesse nécessaires pour n'éveiller d'aucun côté de justes susceptibilités.

Messieurs, croyez-le, le gouvernement est de bonne foi. Il est convaincu qu'il fait tout le bien qu'il peut faire, et il a manifesté dans plus d'une

occasion qu'il voudrait pouvoir faire davantage. Qui
l'en empêche? L'apathie, l'indifférence de l'opinion,
qui entraîne elle-même des dispositions analogues
dans les assemblées publiques. Le gouvernement
peut-il transformer l'opinion? Il convient lui-même
que c'est la société seule qui doit opérer cette
transformation.

A tous les points de vue, il y a donc des raisons
de croire, au moins, que le pouvoir ne se déciderait
pas *ab irato*, et qu'avant de prendre un parti, il
écouterait les raisons qu'on pourrait faire valoir
auprès de lui.

Eh bien! Messieurs, je crois qu'il y a une excel-
lente raison à lui donner : c'est qu'en créant un terrain spécial, un domaine propre, une tribune exclu-
sivement réservée au progrès social, il diminuerait
considérablement les inquiétudes et les difficultés
que cause à l'administration le progrès politique.

Messieurs, le progrès social et le progrès politique

me rappellent involontairement deux camarades
d'enfance, et qui s'aimaient l'un l'autre à tel point
qu'on les avait surnommés les *Gémeaux*. L'un ha-
bitait Quimperlé, l'autre les environs de Brives-
la-Gaillarde. Tant qu'ils vivaient ainsi à deux cents
lieues de distance, l'harmonie entre eux était aussi
grande qu'entre Castor et Pollux, deux étoiles amies,
qui sont un peu plus éloignées. Quand une occasion
les réunissait, c'était d'abord une effusion incompa-
rable; puis le malaise, la gêne, les contrariétés suc-
cédaient à ce premier moment de bonheur. A quoi
cela tenait-il? Au contraste des caractères, à une
diversité de tempérament et d'humeur.

L'un était tolérant, porté dans toutes les difficultés
de la vie aux compositions, aux arrangements amia-
bles; l'autre était impérieux, exclusif. Le premier
avait un salon et recevait toute la société du lieu,
relations qui lui donnaient le moyen d'obliger une
foule de personnes; le second, qui passait sa vie

dans un cercle de voisins de même opinion et dont
les femmes étaient naturellement exclues, ne pouvait se faire à cette promiscuité. *Pourquoi reçois-tu
le préfet? Tu es indépendant! Et l'évêque? Tu n'es
pas dévot! Ton recteur n'est qu'un pédant!* Enfin
Castor était compromis à tout moment par son cher
Pollux, et quand celui-ci le quittait, quand la loco-
motive emportait loin de lui la moitié de lui-même,
il sentait comme un poids de moins sur sa poitrine;
la vieille affection reprenait son empire, et l'harmonie la plus parfaite se rétablissait entre les deux
amis.

Eh bien! Messieurs, permettez-moi de le dire
(je ne crois blesser personne dans cette enceinte en
vous exprimant cette opinion), mais il me semble
que l'histoire de ces deux amis est un peu celle du
progrès social et du *progrès politique.*

Il faut, je le crois, pour qu'ils vivent en bonne
intelligence et ne se nuisent pas l'un à l'autre, qu'ils

en viennent aussi, je ne dis pas à ne plus se voir,
mais à ne pas se gêner; et il est bon, pour cela, que
chacun possède son chez-soi.

Le progrès politique habite un palais, le Palais-
Bourbon. Le progrès social se contenterait de salles
modestes; mais, pour Dieu! qu'il y soit libre! Qu'il
y soit maître! et qu'il ne laisse à personne, pas
même à ses meilleurs amis, le droit de brouiller ses
affaires et de troubler son ménage.

Mais il est temps de vous rendre à vous-mêmes
votre liberté.

Non, Messieurs, les difficultés que rencontrera
au début la démocratie ne sont pas insolubles, et
nous nous séparerons sur cette pensée encoura-
geante; c'est que, pour que le gouvernement se
rassure, pour qu'il laisse pleine carrière à l'expres-
sion du nouveau sentiment moral que doit inspirer
l'enfantement laborieux, douloureux des bienfaits
de la vie civilisée, il suffit qu'une manifestation

solennelle et catégorique donne à la propagande du progrès social son vrai caractère, le caractère de mesure, de délicatesse, de réserve qui seul peut en assurer le succès.

Il faut que les lieux de réunion apparaissent, non comme des clubs, mais comme des salons, où la présence de la femme entretient toujours entre les habitués d'opinions et de croyances souvent opposées, le respect humain, l'esprit de bienveillance et de conciliation.

Il faut enfin que l'objet poursuivi ne puisse soulever de suspicions d'aucune sorte, et que l'on sente toujours que ce sont les luttes mystérieuses de l'humanité et de la nature, le triomphe progressif des bonnes chances sur les mauvaises, que c'est la suite de nos découvertes et de nos créations, le plein développement des destinées de la femme aussi bien que du prolétaire, l'éclosion de tous les talents, la fin de tous les martyres, la satisfaction de tous les enthousiasmes, auxquels l'alliance de la terre et des hommes puisse donner naissance, que c'est cette épopée pleine de péripéties et cet idéal sacré qui apparaissent aux yeux de la démocratie, dans les développements passés, présents et futurs de la civilisation.

PROJET DE FONDATION

D'UN

INSTITUT DE PROGRÈS SOCIAL

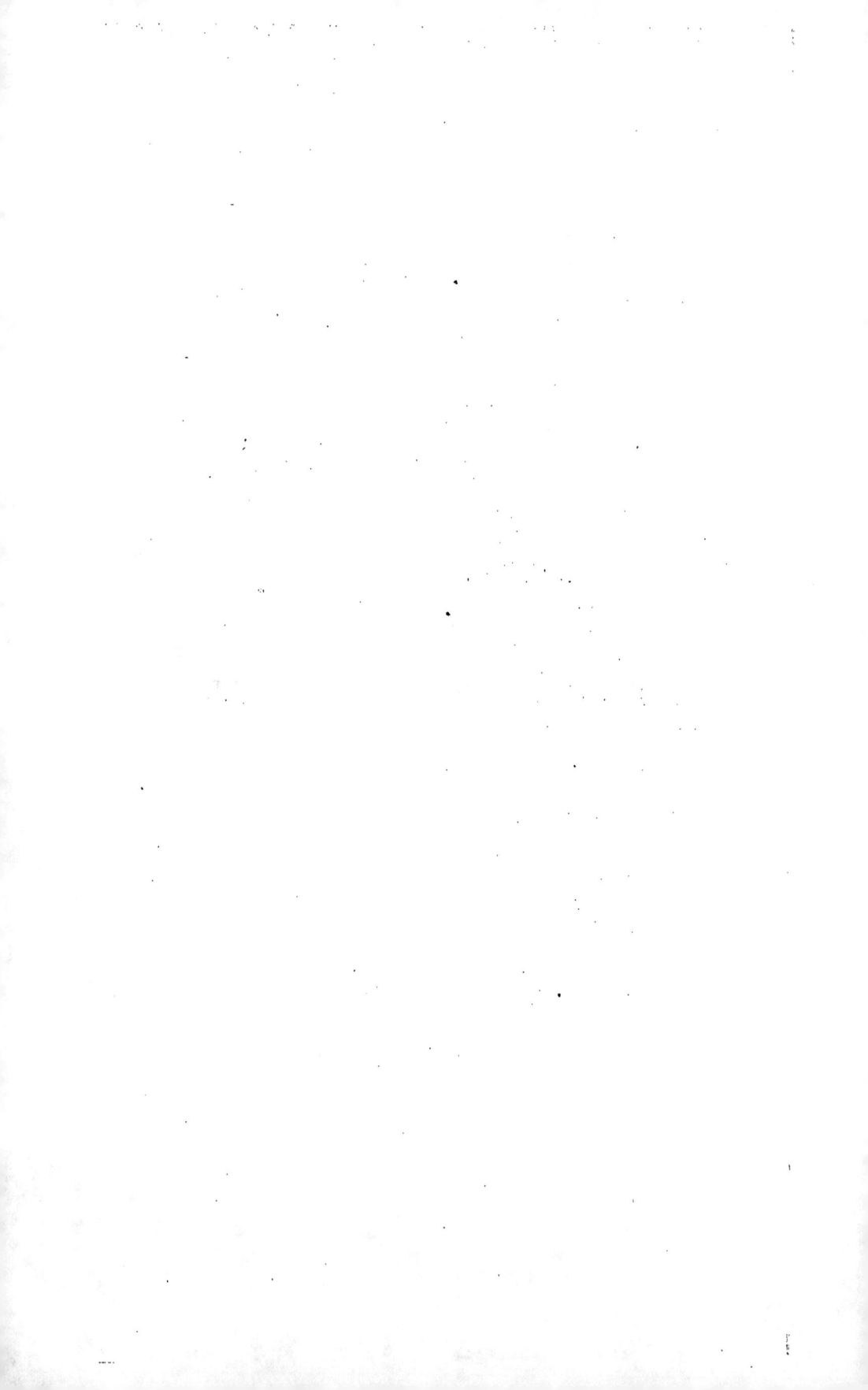

Je crois devoir joindre aux conférences qui précèdent un *avant-projet* destiné à éclaircir et à préciser l'idée de la fondation dont il y a été question.

Ce travail est indépendant de la publication collective dont je m'occupe. J'en assume seul la responsabilité, tout en reconnaissant qu'il m'a été inspiré par les recherches et les réflexions auxquelles je me livrais et au milieu des relations précieuses que je leur ai dues.

L'idée même, je dois le dire, est née et s'est développée dans des entretiens avec deux amis, collaborateurs de l'*Encyclopédic*, dont l'un unit à de

hautes facultés scientifiques et critiques le sentiment le plus fier de l'idéal, et l'autre, en matière
d'économie politique et de finances, est assurément
un théoricien et un praticien de premier ordre. Il
est vrai que ni l'un ni l'autre ne se sont doutés de
l'alliance qui s'établissait entre leurs esprits par mon
entremise. Et quand le moment viendra de donner
une réalité à cette institution, dont ils ont contribué
à poser les fondements, sans doute ils seront aussi
satisfaits que surpris de voir qu'elle aura été en
définitive le résultat de l'accord complet qui s'est
opéré entre deux courants d'idées et d'occupations
si opposés en apparence.

Cet accord est, à mes yeux, comme il le sera
certainement alors aux yeux du public, la plus
solide garantie d'opportunité et de succès.

INSTITUT DE PROGRÈS SOCIAL

---

§ I.

OBJET ET CARACTÈRE DE LA FONDATION.

Les Académies et les Instituts existants ont pour objet le progrès des lettres et des sciences. L'Institut qu'il s'agit de fonder aurait en vue le progrès social.

Si l'on reconnaît que la société humaine a pour destinée et pour devoir de perfectionner ses conditions d'existence, un simple coup d'œil, jeté sur les institutions politiques, religieuses, scientifiques, industrielles et littéraires de la France, suffit pour convaincre qu'elle est sous ce rapport incomplétement organisée. On peut signaler des lacunes sur trois points :

1° L'opinion n'est pas formée à l'égard des améliorations que les progrès des arts et des sciences permettent d'introduire dans la société. Il n'existe pas un centre d'action entreprenant de propager la passion du progrès et du salut social, et de constituer au profit des œuvres non mercantiles, propres à accélérer la marche de la civilisation, un budget spécial formé des souscriptions et dons volontaires que la libéralité publique peut y consacrer.

2° La science pure, dont les conquêtes sont l'origine et la base de toutes les améliorations morales et matérielles, dispose de ressources insuffisantes. Elle ne possède pas les moyens financiers nécessaires pour étendre ses investigations à tous les objets qui appellent des recherches et pour associer à ses travaux les intelligences qui se dévouent à la carrière scientifique.

3° Enfin, le champ des applications est forcément limité par la nature spéciale des opérations que l'industrie privée, l'industrie publique et l'État peuvent seulement accomplir.

La fondation d'un INSTITUT DE PROGRÈS SOCIAL aurait pour but de remplir cette triple lacune.

Le nouvel institut devrait attirer et employer les natures ardentes, communicatives, les talents de parole et de plume à rehausser le moral des populations et créer un courant de libéralités publiques en faveur du progrès social.

Son œuvre principale serait d'universaliser les bienfaits de l'enseignement et du crédit, d'encourager les recherches, les expériences, les voyages scientifiques, soit par voie de contribution dans des œuvres extérieures, soit par des entreprises directes.

Il entreprendrait enfin de prévenir les souffrances

10

que la religion soulage, de réduire les mauvaises chances de la vie, d'augmenter les bonnes et d'éclaircir, de réaliser ainsi, progressivement, l'idéal que font entrevoir au genre humain les conquêtes de la civilisation.

Tel est l'établissement que l'on propose d'instituer par voie de fondation, de cotisations et de libéralités testamentaires, et qui formerait l'objet d'une vaste association nationale.

Cette création, rouage moteur d'une foule de perfectionnements qui ne sauraient s'accomplir sans elle, donnerait satisfaction aux sentiments que font naître dans les cœurs les nouvelles destinées du monde.

Les hommes qui prendraient l'initiative de cette fondation seraient-ils suivis ?

Nos révolutions répétées et la destinée incertaine des êtres que nous laissons après nous dans la vie, invitent au moins les esprits prévoyants à se préoccuper des moyens de consolider dans le présent et dans l'avenir les bases de l'état social.

La libéralité publique a pris jusqu'à ce jour des formes diverses selon les caractères, les opinions, les passions des donateurs. Elle s'inspire de la religion, de la politique, de la carrière parcourue, des études que l'on préfère, de l'expérience acquise dans le milieu où l'on vit.

Tantôt, c'est la charité qui fonde des congrégations, distribue des aumônes ; tantôt, c'est l'amour de la ville natale ou de la profession qui multiplie les écoles, les fonds de retraites, les concours, les dons de bibliothèques ou d'objets d'art.

N'est-il pas naturel, dans un siècle où la richesse a été si considérablement accrue et si souvent menacée, que les privilégiés de l'intelligence et de la fortune, pour assurer à jamais un cours pacifique et régulier aux conquêtes de la civilisation, se préoccupent d'améliorer la condition de ceux qui en sont à la fois l'épouvantail et le principal artisan ?

Un foyer de perfectionnement social dont une fondation financière aurait assuré l'existence, est certain de trouver, pour tous les développements ultérieurs, d'abondantes ressources dans ces quatre passions générales qu'il satisfait également :

L'affermissement de l'ordre social ;

Le développement des libertés publiques ;

L'organisation de la démocratie ;

Le progrès de la civilisation.

§ II.

SIÉGE, LOCAL ET ORGANISATION DU NOUVEL INSTITUT.

Le siége de l'Institut du progrès social serait à Paris.

L'Institut devrait renfermer :

1° Une bibliothèque et des salons de lecture ;

2° Un conservatoire et un musée;

3° Une salle d'exposition d'objets d'art;

4° Une salle de concert;

5° Un amphithéâtre destiné à des lectures publiques.

§ III.

ORGANISATION.

Le personnel dirigeant à la fois l'Institut et l'association qui l'aurait fondé et qui l'alimenterait de fonds se composerait :

1° D'un conseil supérieur investi de tous les pouvoirs de l'association, la représentant et administrant les ressources communes;

2° De comités d'action, composés d'hommes spéciaux, ayant pour mission, soit d'étendre les conquêtes de la science, soit d'en multiplier les applications à tous les objets négligés par les intérêts mercantiles et pouvant améliorer les conditions de la vie humaine.

§ IV.

COMPOSITION ET ATTRIBUTIONS DU CONSEIL SUPÉRIEUR.

Les fondateurs seraient membres à vie et hors chiffre du conseil supérieur.

Outre les fondateurs, le conseil se composerait de dix membres élus par l'assemblée générale des souscripteurs et donateurs.

Ces membres seraient élus pour dix ans. Chaque année, le sort désignerait le membre sortant, qui pourrait toujours être réélu.

Pour être membre du conseil, il ne serait pas nécessaire d'être donateur ou même souscripteur de l'association; il suffirait d'accepter, après l'élection par l'assemblée.

Le conseil supérieur représenterait l'association. La loi ne connaîtrait que lui : il posséderait la délégation complète de tous les droits sociaux ; c'est lui qui entretiendrait les rapports de l'INSTITUT DE PROGRÈS SOCIAL avec le public.

C'est lui qui administrerait les ressources de l'association, convoquerait l'assemblée générale des souscripteurs et instituerait les comités.

Les statuts mentionneraient deux comités :

Le *comité des recherches scientifiques* et le *comité des applications.*

Le *comité des applications* devrait, dès son installation, mettre à l'étude toutes les mesures par lesquelles l'INSTITUT DE PROGRÈS SOCIAL pourrait intervenir à l'effet d'universaliser en France les bienfaits de l'éducation générale et professionnelle.

§ V.

Les comités, une fois constitués, formeraient des
ateliers spéciaux, dont aucune influence extérieure
ne devrait troubler les travaux. Ils se dirigeraient
eux-mêmes; ils emploieraient comme ils l'enten-
draient les fonds qui leur seraient alloués.

Cette indépendance est surtout nécessaire aux
investigations de la science pure.

La plupart des vérités historiques, les grandes
lois naturelles, physiques et mathématiques les plus
utiles, ont été découvertes par des esprits unique-
ment animés de la soif d'étendre le champ de nos
connaissances, et souvent sans aucune préoccupation
des conséquences sociales ou industrielles que de-
vaient entraîner leurs travaux.

Si des vérités, le plus souvent secondaires, et une foule d'inventions des arts sont journellement le résultat de provocations provenant de la sollicitude du gouvernement ou des intérêts de l'industrie privée, il ne s'ensuit pas que le stimulant des besoins sociaux qui surgissent au jour le jour puisse suppléer, dans les hautes régions de la science, à la curiosité passionnée et indépendante du génie spéculatif. Rien ne saurait remplacer la patience et l'énergie morale que cette curiosité insatiable et désintéressée développe dans l'esprit. Les recherches abstraites, n'eussent-elles pour résultat que d'élever le niveau des intelligences, rendraient encore un service notable à la société.

Les comités, indépendants de toute direction quant à l'emploi des ressources qui leur seraient attribuées, devraient néanmoins tenir le conseil supérieur au courant de leurs travaux et lui en faire connaître régulièrement les résultats.

Tous les trois mois, chaque comité rendrait compte au conseil de l'emploi qu'il aurait fait de l'allocation précédemment reçue; et, d'après les besoins de son domaine spécial, il présenterait un projet de budget pour le prochain trimestre, en demandant la somme qu'il croirait pouvoir utilement employer.

Ces communications trimestrielles renfermeraient une appréciation approbative ou critique de la manière dont les intentions du comité auraient été remplies.

Le conseil supérieur examinerait les demandes et déciderait, d'après l'idée qu'il se formerait des besoins généraux de la société, dans quelle proportion les ressources dont il dispose seraient réparties entre les comités.

L'encouragement de l'association étant un honneur, aucun emploi de fonds ne pourrait avoir lieu d'une manière anonyme, et toute allocation individuelle devrait présenter la garantie morale d'un répondant, membre du comité ou agréé par lui.

Toutes les opérations du conseil supérieur et des comités seraient rendues publiques.

L'association, par les soins du conseil supérieur, publierait tous les trois mois :

1° Son rapport sur les opérations accomplies;

2° Une série d'appels et de *desiderata*, et l'indication des travaux et entreprises que l'association devrait encourager, soit par voie de concours, soit par un choix direct de la personne chargée de l'exécution.

Chaque année, une assemblée générale des souscripteurs aurait lieu au siége social. Le conseil supérieur y rendrait compte des opérations de l'année accomplie, du montant des ressources et de leur emploi.

§ VI.

LE NOUVEL INSTITUT ET L'ASSOCIATION
QUI ENTREPRENDRAIT DE LE FONDER SONT-ILS ASSURÉS
D'OBTENIR L'AUTORISATION IMPÉRIALE?

Les avantages que la société doit retirer d'une
institution fondée librement pour accélérer la réalisation de tous les perfectionnements dont elle est
susceptible, ne sauraient échapper au gouvernement.

Depuis quinze ans, bien des chemins de fer ont
été créés, bien des constructions ont embelli et
assaini les villes; mais on ne peut pas dire que le
moral et l'intelligence des populations aient été l'objet d'une pareille sollicitude. Les écoles n'ont pas
été multipliées en proportion des voies ferrées; et
dans la génération active, l'opinion même n'est pas

formée sur les éléments les plus essentiels et les plus rudimentaires du progrès social.

Comment délivrer l'esprit public des traditions stériles, des illusions dangereuses qu'entretient cette situation? Comment ouvrir aux natures ardentes et généreuses, aux poëtes, aux savants, aux artistes, aux journalistes, aux orateurs des générations qui arrivent à la vie active, une carrière aussi féconde que celle que les travaux publics et les campagnes militaires ont offert aux hommes d'action?

La fondation d'un centre d'études et d'une caisse ayant pour objet le progrès des sciences, l'essor des aptitudes et le développement des œuvres civilisatrices alimentées par la libéralité publique, peut en offrir les moyens. Cette fondation rendrait plus faciles et moins redoutables les concessions qu'il faudra faire tôt ou tard à l'opinion publique; elle offrirait une occasion qu'il n'appartient pas au pouvoir de faire naître, de rapprocher, d'associer toutes

les classes, et d'opérer ainsi cette confédération
universelle des intérêts et des convictions, qui est
l'objet principal de sa politique.

Au fond, les classes éclairées n'ont qu'une ambition, c'est de reconquérir leur influence et leur
participation à la gestion des affaires publiques.
Elles souffrent d'une situation que le gouvernement
lui-même déplore, mais sans réussir à la changer,
car, malgré les résolutions les plus libérales, un
pouvoir est d'autant plus envahissant qu'il croit être
plus éclairé, plus animé de la passion du progrès,
plus patriote, plus civilisateur. .

Cependant, si le pouvoir veut tout faire, la société
ne fera rien, ne sera capable de rien, pas même de
s'attacher aux institutions existantes et de les sou-
tenir.

Il serait donc à désirer, comme transition vers
l'état de liberté qui doit couronner les institutions,
que dès ce moment, en dehors de la politique, une

carrière noble et féconde fût ouverte aux forces morales et intellectuelles du pays.

Le nouvel institut peut l'entreprendre de manière à rassurer le pouvoir.

Le gouvernement a tout avantage à lui laisser le champ libre, car, en fait d'améliorations, le beau rôle sera toujours le sien. La générosité et l'intervention spontanée de la société ne peuvent que préparer le terrain, ébaucher l'œuvre, et la plus grosse part de besogne reviendra toujours aux pouvoirs publics.

Ces considérations ne sauraient échapper au grand nombre de ceux qui sont intéressés, dans toutes les conditions et toutes les carrières, à la fondation d'un INSTITUT DE PROGRÈS SOCIAL.

TABLE

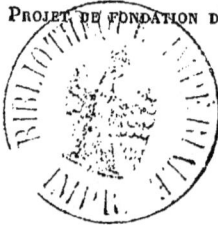

PARIS. — J. CLAYE, IMPRIMEUR, RUE SAINT-BENOIT, 7.

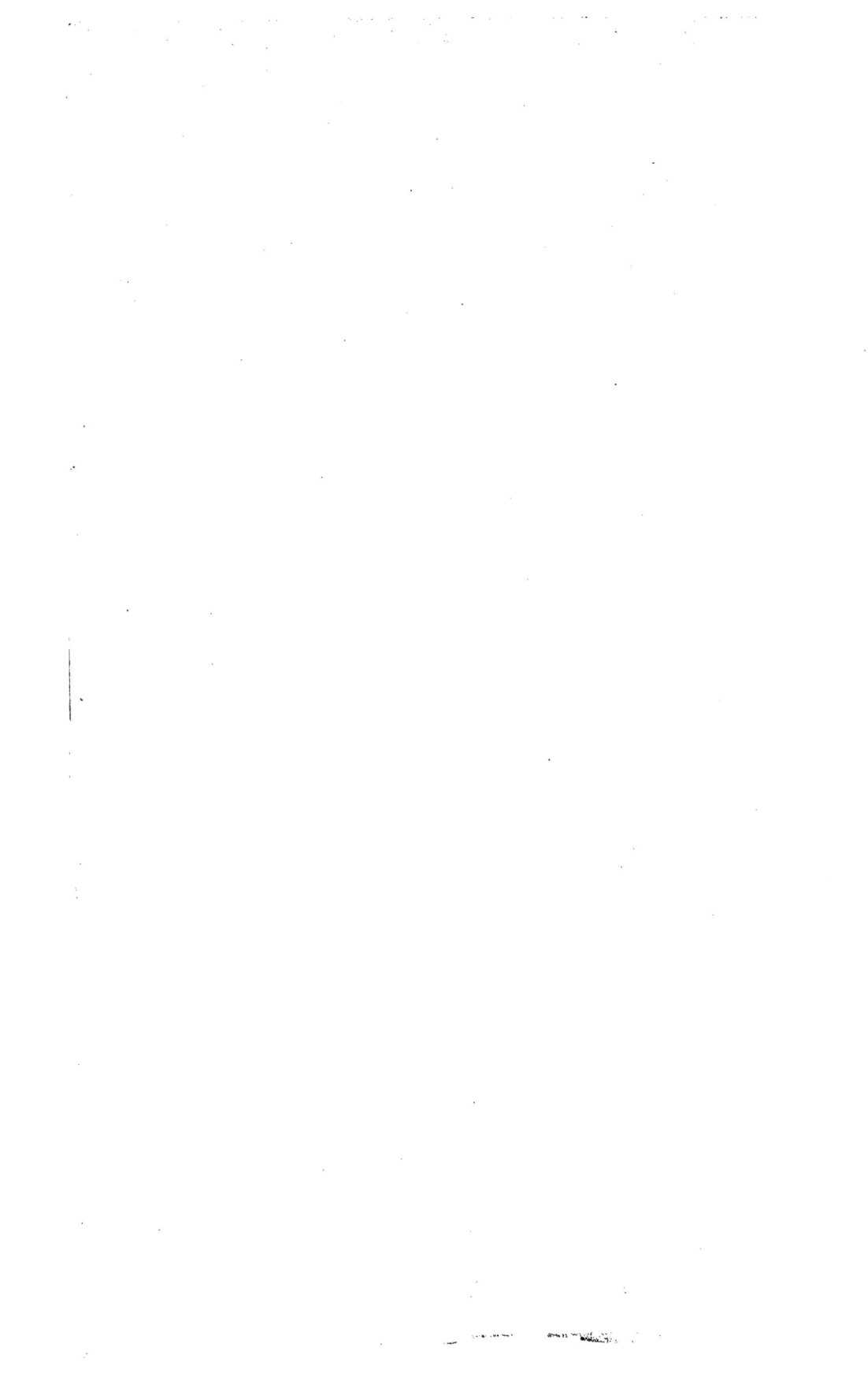

www.ingramcontent.com/pod-product-compliance
Lightning Source LLC
Chambersburg PA
CBHW070753290326
41931CB00011BA/2000